매일 비움

스토리 자신만의 가치, 행복, 여행, 일과 삶 등 소소한 일상에서 열정적인 당신에게…
인시리즈 하루하루의 글쓰기, 마음에 저장해둔 여러분의 이야기와 함께합니다.
07 첫 원고부터 마지막까지, 생활출판 프로젝트 ' 스토리인 ' 시리즈

당신에게 비움을 선물합니다
매일 비움

초판 1쇄 발행 2021년 1월 31일

지은이. 양귀란

ISBN
978-89-6529-266-1 (13590)

이 도서의 국립중앙도서관
출판예정도서목록(CIP)은
서지정보유통지원시스템 홈페이지
(http://seoji.nl.go.kr)와 국가자료
공동목록시스템 (http://www.nl.go.kr/
kolisnet)에서 이용하실 수 있습니다.
CIP제어번호 : CIP2020053042

발행. 김태영
발행처. 도서출판 씽크스마트
서울특별시 마포구 토정로 222(신수동)
한국출판콘텐츠센터 401호
전화. 02-323-5609·070-8836-8837
팩스. 02-337-5608
메일. kty0651@hanmail.net

도서출판 사이다
사람의 가치를 맑히며 서로가 서로의
삶을 세워주는 세상을 만드는 데 필요한
사람과 사람을 이어주는 다리의 줄임말이며
씽크스마트의 임프린트입니다.

씽크스마트 · 더 큰 세상으로 통하는 길
도서출판 사이다 · 사람과 사람을 이어주는 다리
공식 블로그 https://blog.naver.com/ts0651

ⓒ 2021 씽크스마트
이 책에 수록된 도판 및 글, 사진의 저작권은 해당 저자와 작가에게 있습니다.
전체 또는 일부분이라도 사용할 때는 저자와 발행처 양쪽의 서면으로 된 동의서가 필요합니다.

당신에게 비움을 선물합니다

매일 비움

양귀란

꿈의 주인공인 내 큰딸. 선물할 수 있는 삶, 나눌 수 있는 삶. 튼튼한 뿌리로 예쁜 꽃길 만들어, 그 꽃길을 함께 걸어갈 수 있어서 이 엄마는 너무 행복하다.

_ 사랑하는 우리 엄마 **석미경**

1년 교실 살이를 정리하며 박스 하나로만 이동할 수 있을까? 교사의 손이 닿아 반들반들 빛나는 교실에서 박스 하나만큼의 기대를 담고 한 해를 정리할 수 있다면 어떨까? 이 책을 읽으면 네모반듯한 교실 안에서도 얼마든지 수묵화 같은 쉼과 비움을 실천할 수 있다. 그리고 그 안에서 "진짜 나"로 살아갈 수 있는 힘을 얻게 된다.

_ 허브티 **강현선**

삼인행필유아사三人行必有我師(세 사람이 길을 가면 반드시 스승으로 받들 만한 사람이 있다). 기꺼이 저자를 스승으로 삼아 마음을 비우고 생활을 비우는 시도를 해본다. 비우면서 행복해지는 마술을 느껴보길 바란다.

_ 현 싱가포르한국국제학교 교장 **강혜영**

나의 주변을 정돈하고 내 생활을 정돈하고 내 생각을 정돈하는 데 도움이 되는 책입니다. 읽으면서 나의 모든 영역을 정리하고 싶은 욕구가 듭니다. 선생님뿐만 아니라 학부모에게도 배울 점이 많은 책이라고 생각합니다.

_ 손영섭의 아내 그리고 손채영, 손채원의 엄마 **김문정**

'매일 비움'이라는 제목을 보고 미소가 지어졌다. 글을 읽으면서 귀란이가 옆에서 이야기를 해주는 기분이 들었다. 늘 꿈을 꾸고, 계획을 세우고 그걸 실천하는 작가, 참 멋지다.

_ 대구도시철도공사 주임이자 사랑하는 내 친구 **고나빈**

7년 차 교직 경력이라고 믿기지 않을 정도로 아이들을 위한 섬세한 배려와 열정이 넘친다. 교사라면 누구나 경험했을 다양한 고민과 일상을 비움의 의미와 철학으로 실천한 사례는 많은 선생님들에게 공감을 줄 것이다. 비움으로 자신을 찾고 진정한 삶을 꿈꾸는 양귀란 선생님을 응원한다.

_ 전 싱가포르한국국제학교 교장,
현 김해교육지원청 초등교육과장 **김승오**

비우지 못해서 힘들거나, 용기가 필요한 선생님들이 꼭 읽었으면 좋겠다. 새내기 교사가 쓴 글이라고 가볍게 보지 말기를. 깊이가 있는 양귀란 선생님의 글을 읽으면서 교육에 대한 열정과 아이에 대한 사랑이 배어 있음을 느낀다. 감사하다.

_ 현 창원웅천초등학교 교장이자 존경하는 교육자 **김종식**

내가 엄마로서 미니멀을 실천하며 아이의 행복만 남겼듯, 또 하나의 부모인 교사들이 미니멀을 실천한다면 아이들의 행복한 학교생활이 보장될 거라 확신한다. 양귀란 선생님을 만나는 아이들은 참 행복할 것 같다. 내가 그녀를 만나 더 행복해진 것처럼.

_ 「핫세 언니의 자격증 육아」 저자 **김영희**

교실을 비우는 것에서 시작하여, 학생들과 함께 일상과 삶을 정리하고 작은 것부터 기록하며 실천하는 모습에서 비로소 우리는 교실의 주인, 내 삶의 주인이 된다. 채움을 위한 비움을 실천하고 싶은 선생님들께 이 책을 추천한다!

_ 『슬기로운 재외학교 생활』 저자이자 생활여행자 **김행화**

네 가지 비움의 주제를 따라가다 보면 교육자로서의 자긍심에서 다져진 내공과 정직하고 성실한 생활인으로서의 긍정 에너지를 느낄 수 있다. 너무나 시의적절하고 훌륭한 '무게중심이 잘 잡힌 단단한 삶을 살아가고 싶은' 모든 생활인을 위한 책으로 강력 추천한다.

_ 진주교육대학교 음악교육과 교수이자 인생 멘토 **박초연**

양귀란 선생님의 글은 초임 시절의 교실로 나를 다시 끌고 들어가서 젊은 교사의 혈기와 열정으로 채워나가던 그 시절을 되돌아보게 한다. 이런 책을 그런 시절에 만났더라면, 채움보다 비움의 방법을 좀 더 일찍 알았더라면 실망과 좌절도 덜 했으리라. 지금, 아이들의 가슴을 무언가로 가득 채우고 싶어 고군분투하는 대한민국의 모든 교사들에게, 채움이 아니라 '비움'을 배우라고 권하고 싶다.

_ 『책의 이끌림』, 『뇌가 섹시한 중년』 저자,
현 방콕한국국제학교 교장 **배정철**

비움은 채움이다. 비울수록 중요한 것들이 채워진다. 진짜 중요한 것들로 내 자신을 채워보고 싶다면 지금 당장 이 책을 펼쳐보길 바란다.

_ 모닝러너 CCO **박재찬**

무엇을 어떻게 비워야 할지 모르던 나에게 이 책은 하나의 작은 용기가 되어 주었다. 용기 있게 비움을 시작하고 누군가에게 비움의 가치를 전달해주시는 선생님께 감사의 마음을 전한다.

_ 워라밸 교사 **성세용**

경찰, 요리사, 외교관, 회사원 등 어릴 적 다양했던 내 꿈은 언제부턴가 희미해졌다. 나에게 다가오는 꿈들을 막는, 나를 둘러싼 수많은 것들은 무엇일까 생각해 보았다. 이제는 내 주변의 내 머릿속 생각들, 내 마음속 감정들을 비워내고 어린아이처럼 순수하고 솔직하게 내게 다가오는 꿈들을 맞이하고 싶다.

_ 첫 발령 동기이자 사랑하는 소울메이트 **이혜림**

역시 기대를 저버리지 않는다. 설레는 마음, 사람 냄새가 나는 책이다. 늘 밝고, 맑은 작가의 모습이 그대로 느껴진다. 이 책의 향기가 널리 전해지길 바란다.

_ 한국화장품 거창 지사장, 그리고 우리 엄마의 평생 친구 **이대미**

20년 교직 경력의 내가 많은 시행착오 속에서 얻은 보물 같은 깨달음을 20대인 저자가 책 속에 펼쳐놓은 것을 보고 놀라웠다. 놀라운 사람, 양귀란! '비움'과 비움에서 오는 '채움'을 동시에 느껴보고 알고 싶은 사람에게 이 책을 강력히 추천한다.

_ EBS 공채 영어강사 출신, 현 싱가포르한국국제학교 교사 **이소영**

수많은 미니멀라이프 책이 있다. 그런데, 교실 속 미니멀이라니! 신선했다. 독특했다. 그리고 풍성했다. 시도해보리라 체크해둔 게 무려 19가지. 반드시 교실과 우리 아이들에게 그리고 나에게도 적용해보리라.

_ 미니멀라이프 동지 **이장석**

'하이미니' 프로젝트에 거듭 참여하면서 생활의 많은 부분들이 변했다. 이 놀라운 변화를 이끌어주시는 양귀란 선생님. 선생님의 책상과 칠판·교실·학급 모습은 어떠할까? 정돈되고 단순한 삶, 매일 행복한 그 삶이 궁금하다.

_ 현 인천작동초등학교 교사이자 나눔의 여왕 **이수잔**

작가는 진심으로 아이들을 마주하기 위해 학교에서 비움을 시작했다. 현장에서 깨달은 비움의 노하우, 함께 배우고 실천할 수 있는 좋은 기준이 될 것이다.

_ 『교사가 되기 전에는 몰랐습니다만』 저자 **최문혁**

쌓아온 컴퓨터 안의 파일, 휴대폰 속의 앨범, 내 방의 물건들. 이 책을 읽는 동안 하나하나 정리를 하며 읽어보니 저자의 말처럼 나의 목표와 내 삶의 소중한 부분들이 보이기 시작했다.

_ 창원중부경찰서 경사 **이태주**

바쁘게 흘러가는 일상 속에서 변화된 일상 또는 좀 더 나은 스스로를 꿈꾸는 어른들에게 이 책을 추천한다. 소소한 변화를 통해 나날이 보람찬 하루하루를 맞이할 수 있을 것이라고 확신한다.

_ 지구별 여행자 **진세리**

비움이 곧 채움이 되는 역설적 삶을 보면서, 도덕의 또 다른 이름은 행복이라는 생각이 짙어진다. 내 인생에 들어와 조용히 놓이는 작고 선한 물음 물음에 답을 써나가고 싶어지는 책이다.

_ 수석교사이자 코칭 전문가 **송수진**

교사 생활 7년 차인 저자는 그동안의 경험을 인생의 마중물처럼 깊이 있게 이야기로 풀어냈다. 교사뿐만 아니라 학부모들도 공감할 수 있는 내용이라 친숙함을 느낄 수 있을 것이다. 특히 학급 경영에 대해 고민하는 분이나 행복한 일상을 꿈꾸는 분들에게 이 책을 권해드리고 싶다. 나 또한 이제부터라도 내 육신에서 일상의 삶까지 하나씩 비워보려 한다. 너무 큰 욕심인가? 그래도 기대된다!

_ 현 창원명도초등학교 교감이자 멋진 예술가 **조웅래**

미니멀리즘은 자신에게 가장 소중한 것에 대해 생각하게 하고, 자신이 진정 원하는 것을 스스로 찾게 한다. 그것이 학교에서까지 이어진다면 금상첨화, 다다익선, 일거양득일 것이다. 교사로서 그 역할을 기꺼이 짊어져 준 저자에게 감사함을 표한다.

_ 『남편이 육아휴직을 했어요!』 저자, 토글스의 리더이자
스토리 팩토리의 대표 **최현아**

미니멀리즘이 하나의 트렌드가 되고 있는 요즘이다. 양귀란, 그녀는 교육에 미니멀리즘 철학을 접목했을 뿐만 아니라 삶에서도 '비움'이라는 단어를 녹여내고 있다. '비움'을 실천함으로써 마음의 깊이가 채워지는 신기한 경험을 지금 그녀는 하고 있는 듯하다. 이러한 경험에 동참하고 싶다면 지금 당장 이 책을 펼쳐보길 바란다.

_ 자유로운 영혼의 교육자 **최현준**

이 책에서 말하는 비움은 심플하다. 읽다 보면 당장 무엇부터 시작해야 하는지 알 수 있다. 수묵화의 여백이 많은 상상력을 불러일으키듯 비움을 통한 삶의 여백이 불러일으킬 마법을 믿어본다.

_ 아름다운 선생님 **황혜란**

교실에 대한 이야기인 듯하면서도 우리 모두의 삶에 적용되는 주옥같은 이야기들. 소중한 삶의 지혜들을 많이 얻을 수 있었다. 그리하여 나도 당장 내일부터 서랍 정리를 시작해 보려고 한다. 비움을 통해 나 자신을 발견하기 위해.

_ 느낌영어 대표 제레미쌤 **고영훈**

당신에게
비움을 선물합니다 _

 잠시 멈추어 서서 가만히 생각해 보세요.
과연 내 삶에서 정말 중요한 것은 무엇일까요?

 중요한 것은 남기고 불필요한 것들은 덜어 내는 것이 비움입니다.
하나씩 비우다 보면 빈 공간이 보여요. 그리고 그 속의 내가 보여요.

 여기서 말하는 비움은 단순한 물건 비움을 말하는 것이 아닙니다.
나는 무엇을 좋아하지? 내가 정말 원하는 것은 무엇일까?
묻고 또 물으면서 내 속에 있는 나를 찾고
나 자신을 단단하게 만듭니다.

 우리에게는 핵심을 찾기 위해 고민하는 시간이 필요합니다.
고민하고 또 고민하다 보면
어느새 내가 원하는 삶에 가까워져 있지 않을까요?

들어가며
-

 물건을 비우고 주변을 비우다 보면
일단 가장 먼저 몸과 마음이 가벼워집니다.

 우리는 항상 구름 위를 둥실둥실 떠다녀요.
제가 비움의 날개를 달아드릴게요.
이제 당신은 어디든 훨훨 날아다닐 수 있습니다.

 가벼운 삶, 동시에 무게중심이 잘 잡힌 단단한 삶을
살아가고 싶다면 이 책에서 힌트를 얻어 가시길 바랍니다.

 소중한 시간, 이 책을 펼쳐 주신 당신께 감사의 말을 전합니다.
더불어 온라인 글쓰기 모임 토글스와 이 책이 세상 밖으로 나올 수
있도록 도와주신 모든 분들께 감사의 말씀을 드리고 싶습니다.

 마지막으로 항상 저의 편이 되어준 사랑하는 우리 가족, 오늘의 저
를 있게 해준 제 주변 모든 분들께도 뜨거운 감사를 보냅니다.

-           비움을 선물하는 사람
양귀란

목차

추천의 글 04

들어가며 당신에게 비움을 선물합니다 12

1 교실에서부터 비움을 시작했습니다

20 하나만 해도 괜찮을까? 학급경영

25 기록의 힘을 믿는다 학급일지

31 골라 담는 재미 수업

34 슈퍼우먼의 비밀 교실 청소

39 눈앞에 보이는 풍경 교실 앞

43 복 받은 교실이란 교실 뒤

48 내 맘대로 요리조리 비움 시간

53 찐빵 속 앙금 살리기 행사

56 큰물에서 논다 방학

60 나랑 같이 할래? 비움 모임

2 아이들과 함께 비움을 배워갑니다

66 내 것인 듯 내 것 아닌 학습준비물

70 마음을 보여주는 서랍

76 쿠폰 모아 선물 받자 비움 습관

81 너는 나의 거울 공용 물품

85 나누니까 좋잖아 아름다운가게

91 언제 어디서나 장착 웃음

95 깨끗한 물을 얻는 비법 명상

99 정리 놀이 해볼까? 정리와 청소

103 돈 없이도 행복하기 용돈

107 기억하고 싶은 순간 사진

3 일상 속에서 비움을 실천합니다

112 처음과 끝이 같도록 책상

116 이름을 불러주었더니 문구류

120 내 안에 넣으면 가볍다 서류

126 줄이면 줄일수록 좋은 것 종이

130 푸른 바다를 유유히 컴퓨터

136 없으면 안 쓴다 USB

140 사람 냄새 나는 쪽지 메신저

143 유난히 복에 겨울 때 업무

147 나의 단짝 친구 달력

151 힘들수록 뿌리 다지기 관계

4 내 삶을 비움으로 다시 채웁니다　　부록 196

156 나에게 부끄럽지 않은 하루

160 나 하나 꽃피어 사람

164 그림 같은 집을 짓고 집

167 내가 만드는 나의 이미지 옷장

171 모든 것을 절제하고 싶다면 음식

175 시간을 따로 두진 않아 운동

179 나그네가 되어 훌훌 여행

183 자라나는 숲속의 나무들 독서

186 별을 그리는 중이야 배움

190 비움이 필요한 이유 꿈

교실에서부터
비움을 시작했습니다

매일
비움
—

하나만 해도 괜찮을까?
학급경영

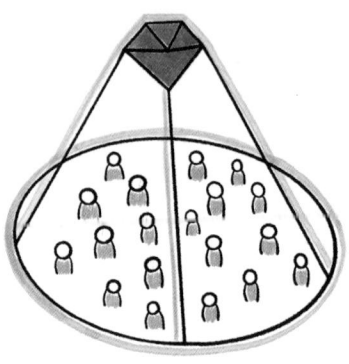

     학급경영이란? 한 학급을 이끌고 나아간다는 것. 우리에겐 아이들과 선생님을 하나로 만들어 줄 단 한 가지 무언가가 필요하다. 매해 새로운 아이들을 만나는 우리들. 1년을 함께 보내고 단 한 가지만 남아도 우리는 정말 큰일을 해낸 것이다. 생각해 보라. 어린 시절 '3학년' 하면 기억나는 것, '6학년' 하면 기억나는 것이 있는가? 나는 그 한 가지가 아이들의 머릿속, 추억 속, 몸속에 남았으면 좋겠다.

지금 나와 함께하고 있는 아이들은 올해 무엇을 남길까? 우리 반의 이름은 '협동반'이다. '협동'은 학기 초 아이들이 '4학년 때 꼭 필요한 가치가 무엇일까?'라는 질문에 직접 고른 가치이다. 단 하나의 가치 덕목만으로도 우리는 지금까지 많은 일들을 해냈다. 코로나19로 원격수업을 해야 했을 때 집에서 찍은 영상들을 모아 코로나19 응원 비디오를 만들었고, 각자 쓴 시들을 모아 아름다운 마음시집을 만들기도 했다.

우리는 종종 아이들을 사랑하는 마음에 더 많은 것을 주려고 욕심을 부린다. 내가 그랬다. 이것이 좋다고 하면 이것도 넣고 저것이 좋다고 하면 저것도 적용했다. 이것저것 많은 것을 시도해 보았다. 물론 다양한 것들을 배울 수 있어서 좋았지만 한 해가 끝났을 무렵에는 왠지 모를 허전함이 남기도 했다. 분명 열심히 했는데 말이다. 그래서 그것이 과연 무엇일까 고민하고 또 고민했다. 결국 내가 내린 답은, 단 한 가지 메시지를 가지고 가는 것이었다.

매일비움
—

한 가지에만 집중하면 다른 것들을 놓치는 건 아닐까? 아니다. 오히려 더 많은 것들을 가능하게 한다. 작년 우리 반 아이들의 대표 가치는 '용기'였다. 2학년 아이들이 직접 고른 가치이다. 미국의 전 연방 하원의원이었던 클레어 부스 루스가 남긴 '용기란, 모든 다른 가치가 타고 오르는 사다리다.'라는 말이 있다. 아무리 좋은 가치들을 가지고 있어도 '용기'를 내지 않으면 아무런 소용이 없다는 말이다. 인사를 하고 싶고 쓰레기를 줍고 싶은 마음이 있어도 용기 내어 실천하지 않으면 무슨 소용이 있으랴. 이렇게 아이들은 용기의 사다리를 타고 많은 일들을 해냈다.

용기를 내서 무서운 놀이기구에 도전하고 용기를 내서 축구 경기에 참여했다. 혼자서 대중교통 버스 타기에 성공한 아이도 있었고 두려워하는 발표에서 용기를 발휘해서 결국에는 멋지게 발표를 해내는 아이도 있었다. 아이들의 일기장에서도 '용기'라는 말을 자주 보았다. 이렇게 마음속에 가치 하나를 품고 쑥쑥 성장하는 아이들이 정말 대견하고 기특했다.

가치가 아닌 한 가지 활동을 목표로 삼아도 된다. 예를 들어 '올해는 책 읽기, 독서 습관 하나는 꼭 잡아 준다.'라고 해도 되고 '노래부르기', '운동하기' 등을 선정해도 된다. 이왕이면 나도 좋아하고 아이들도 좋아하는 활동이 가장 적절하다. 좋아해야 꾸준히 오래 할 수 있다. 모든 아이들이 그 활동을 좋아하지 않는다면 좋아하게끔 하는 장치를 마련해줘야 한다. 그 아이가 좋아하는 활동을 통해 자연스럽게 학급 중점 활동으로 넘어올 수 있게끔 계단을 놓아 주는 것이다. 우리는 계단만 놓아 주면 된다.

어쩌지? 흑흑,, 뭘까?   선생님, 저는요~

또 다른 방법은 하나의 정체성을 가지는 것이다. 작년에 나는 '내면이 강한 사람'을 염두에 두었고 올해는 '배움을 즐기는 사람'으로 정했다. 이것들은 수많은 고민을 통해 탄생한다. 아이들에게 필요한 것은 무엇일까? 내가 아이들에게 심어주고 싶은 것은 무엇인가? 학부모님들은 아이가 어떻게 성장하길 바라실까? 학교에서 추구하는 교육목표와 잘 어울릴까? 종이를 펼쳐 두고 이리저리 머리를 굴리다 보면 답이 나온다. 충분히 고민을 한 것과 하지 않은 것은 큰 차이가 있다. 깊이가 다르고 애착이 다르다. 하나의 정체성을 정했다면 그것을 수업에도 생활지도에도 적용해서 중심을 잃지 않도록 하자. 아차! 하면 언제든 다시 돌아와야 한다.

한 가지만 한다고 비웃지 말자. 그 한 가지는 결코 작은 일이 아니다. 성공하는 사람들을 보면 알 수 있다. 그 한 가지가 곧 브랜드가 된다. 한 가지는 우리를 몰입하게 한다. 그리고 더 많은 것들을 끌어당긴다. 때문에 하나로 모으면 모을수록 더 큰 힘을 발휘한다. 지금 고민되는 일이 있다면 이제 더 이상 고민하지 말자. 그 중 하나를 정하고 계속 이어나가면 된다. 그럼 다른 것들은 어느새 그 옆으로 모여들 것이다.

기록의 힘을 믿는다
학급일지

    2015년 3월 첫 발령을 받고, 눈으로 기웃기웃 살피다가 그해 5월쯤에 처음 알게 된 학급일지. 학급일지를 알게 된 후 나의 학교생활은 크게 달라졌다. 항상 어수선하던 과제 확인, 수업 준비, 업무 등이 가지런히 정리되면서 머릿속 생각들이 정리되기 시작했다. 그러자 나도 아이들도 안정을 찾고 학교생활에 조금 더 집중하게 되었다.

매 일
비 움
―

그럼 학급일지는 왜 써야 할까? 학급일지는 일종의 바인더이다. 아침에 출근을 해서 퇴근을 하는 순간까지 나의 하루 일과를 모두 담는다. 기록함으로써 우리는 성장해 간다. 하루 이틀이 작은 것 같지만 한 달이 되고 한 학기가 되고 1년이 되면 그것은 우리의 성장일지, 추억일지가 된다. 학급일지는 오늘을 살고 오늘을 되돌아보고 내일을 준비하기 위해 존재한다. 어렵게 생각하지 말자. A4 한 장에 틈틈이 생각나는 대로 내 생각들을 채우면 된다. 가득 채울 필요도 없다. 그저 떠오르는 만큼 내 생각, 내 마음, 아이들의 마음을 기록해 두자.

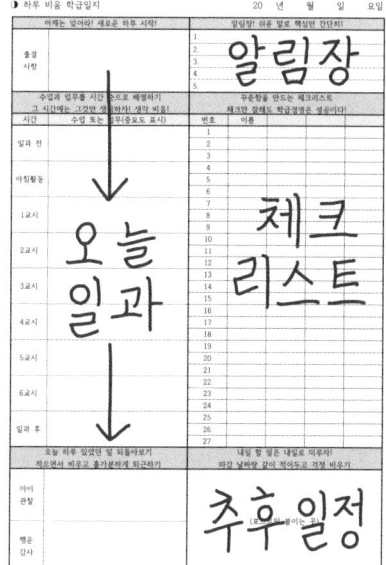

하루 비움 학급일지는
오늘 일과, 알림장,
체크리스트, 추후 일정
이렇게 네 부분으로
나뉜다. (부록 01 참고)

    하루 비움 학급일지는 크게 네 부분으로 나뉜다. 오늘 일과, 알림장, 체크리스트, 추후 일정 칸이다. 먼저, 오늘 일과 칸에는 수업과 업무를 시간 순으로 모아서 적는다. 우리의 하루를 떠올려 보면 수업 시간과 업무 시간이 들쑥날쑥 엉켜 있는 경우가 많다. 이 시간을 잘 분리해주어도 하루가 훨씬 가벼워진다. 업무를 할 때는 업무만, 수업을 할 때는 수업만 생각하자. 스위치를 껐다 켰다 전환을 잘 해야 한다. 이렇게 하루 일과가 끝나면 아이 관찰, 행운, 감사로 하루를 훈훈하게 마무리한다.

매일
비움
—

    다음은 알림장 칸이다. 알림장 칸에는 최대한 핵심만 간단히 적는다. 알림장에 적는 글은 오해의 소지가 없어야 한다. 누구든지 그 글을 보면서 준비물을 잘 챙길 수 있어야 한다는 뜻이다. 아이들이 보아도 어른이 보아도 이해가 가능한 알림장이 좋다. 만약 금요일에 아이들이 줄넘기를 챙겨 와야 한다면 나는 종이를 넘겨 목요일 알림장 칸에 '줄넘기 가져오기'를 메모해 둔다. 다음 주 준비물도 마찬가지다. 또한 나는 항상 알림장 끝에 인성교육 또는 안전교육 관련 내용들을 하나씩 넣는다. '행복하고 즐거운 하루 보내기', '건강하고 안전하게 등하교하기'와 같은 말들을 반복해서 적어주려고 한다. 그러면 어느새 그것들은 아이들의 삶 속으로 자연스럽게 스며들어간다. 알림장으로 매일 긍정의 기운을 전해 보자.

    그 다음은 학급 경영에서 가장 중요한 체크리스트 칸이다. 그 칸의 제목에는 '체크만 잘해도 학급 경영은 성공이다.'라는 말이 적혀 있다. 특히 학기 초에 체크를 꼼꼼하게 해야 한다. 매번 준비물이나 숙제를 빠트리는 아이들은 더 세심하게 챙긴다. 집요하다 싶을 정도로 확인하다 보면 어느 순간 아이들도 자신의 삶을 돌보기 시작한다.

작은 것이라도 놓치지 않기 위해서 체크리스트는 반드시 필요하다. 신청서 제출, 숙제, 평가 결과 등 그날 확인한 것들은 다 그날 체크리스트 속에 넣는다. 날짜별로 작은 제목만 잘 적어두면 나중에 자료를 찾을 때도 쉽다.

 마지막은 추후 일정 칸이다. 이 칸은 포스트잇을 붙일 수 있도록 했다. 포스트잇은 어디서든 사용하기에 간편하다. 수정하다가 내용이 복잡해지면 새 포스트잇에 예쁘게 다시 옮겨 적는다. 매일 다른 포스트잇을 활용해 보는 것도 좋다. 그날그날 기분에 따라 알록달록하거나 단조로운 포스트잇을 골라서 사용해 본다. 다 못한 일은 내일 칸에 적어 둔다. 내일 할 일은 내일로 미루자. 오늘은 오늘 할 일만 하면 된다. 급하지 않은 일들을 굳이 오늘 붙잡고 있을 필요가 없다.

 학급일지는 어떻게 쓰는지보다 매일 쓰는 것이 중요하다. 꾸준히 써야만 우리 반의 기록이 된다. 날아가는 하루들을 붙잡는다는 생각으로 하루를 꾹꾹 눌러 담자. 여기저기 메모하지 말고 한 곳에만 메모를 하자. 나는 탁상달력과 학급일지, 딱 두 가지만 사용한다. 교직

매일 비움

원 수첩은 작년부터 받지 않았다. 잘 사용하지도 않는데 덥석 받았다가 그대로 1년이 지나서 아깝게 버린 적이 있기 때문이다. 교직원 수첩을 학급일지로 써도 된다. 하지만 두 가지를 동시에 쓰는 것은 추천하지 않는다. 이왕 쓰는 학급일지, 한곳에 잘 기록해서 언제든지 간편하게 활용해 보자. 분명 의미 있게 쓰일 날이 온다.

골라 담는 재미
수업

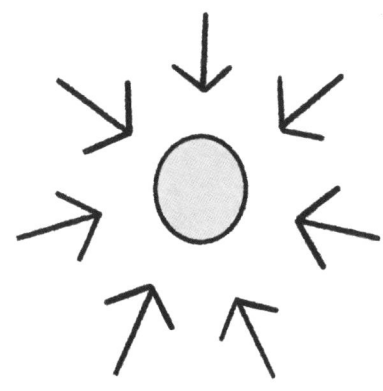

교사들의 평생 고민, 수업. 과연 수업은 어떠해야 할까? 고민하고 또 고민한다. 공개수업도 하고 다른 선생님들 수업도 참고하지만 아직도 갈 길이 멀다. 한편으론 자꾸 시도해 보면서 나만의 수업을 찾아가는 것이 교사의 삶이 아닐까 생각한다. 모든 것을 다 담으려고 하면 버겁다. 수업으로 유명하신 선생님들을 보면 다 각자의 특색이 있다. 토론이면 토론, 글쓰기면 글쓰기, 음악이면 음악. 결국 이런 것들도 다 비움을 통해서 이루어진다고 본다.

이 세상에 좋은 수업들은 정말 많다. 명강의들은 또 얼마나 많은가. 온라인 수업까지 하는 요즘, 과연 우리는 어떤 수업을 만들어야 할까? 우리는 어떻게 우리만의 향기를 낼 수 있을까? 그 특수성은 온전히 나 자신에게 집중했을 때 발견할 수 있다. 우리는 이미 우리만의 향기를 가지고 있다. 발견하지 못했을 뿐. 이제부터는 내 안의 향기를 찾아보자. 찾으려고 하면 보인다.

우리의 삶이 곧 우리의 수업이다. 수업 재료를 밖에서 찾기보단 나에게서 찾자. 우리는 그동안 얼마나 많은 경험들을 해 왔는가. 그것들을 내 수업 속에 담는 것이다. 내 경험들을 담는 순간 그 수업은 나만의 수업이 된다. 누구도 따라 할 수 없는, 나만의 향기가 나는 수업이. 어렵게 생각하지 말자. 수업 주제를 내 머릿속에 살포시 던져두었다가, '번쩍!' 하고 아이디어가 떠오르면 그것을 수업에 적용하면 된다.

예를 들어 국어 시간에 '사실과 의견'을 배우고 있다면 머릿속 한 켠에 '사실과 의견'을 잠시 둔 채 일상생활을 한다. 그러다 한번씩 나에게 질문을 던진다. '무엇으로 사실과 의견을 배워 보지?' '좋은 소재가 없으려나?' '내 경험을 나누어 볼까?' '아이들 경험을 가져와 볼까?' 곧바로 답이 떠오르지 않으면 조금 더 던져둔다. 그러다 보면 수업 전에는 결국 생각이 난다. '아하! 중간 방학 동안 아이들이 쓴 일기 내용을 가져와 보자!' '아~! 오늘 아침에 내가 운동을 하면서 집 열쇠를 잃어버렸던 경험을 예시로 들어주자!' 익히 들어왔겠지만 아이들의 삶과 연결된 수업이야말로 진짜 수업이다. 서로의 경험을 더 많이 나눌수록 우리는 더 끈끈해진다.

이미 우리는 존재 자체로 특별하다. 이 세상 어디에도 똑같은 수업은 존재하지 않는다. 특별한 나 자신을 믿자. 내가 나를 믿지 않으면 누가 나를 믿겠는가. 똘망똘망한 눈으로 아이들은 우리만 바라보고 있다. 내가 나를 더 보여줄수록 아이들도 아이들의 마음을 우리에게 더 보여준다. 주변을 둘러보아라. 누구든 다 각자의 방법대로 자신만의 수업을 만들어가고 있다. 우리 안에 답이 있다.

매일
비움
—

슈퍼우먼의 비밀
―――――――――――
교실 청소

　　첫 발령을 받고 난 이후로 나는 수많은 청소를 해왔다. 교실 환경 점검을 하는 날, 공개 수업 하루 전날, 우리 교실에 다른 선생님들이 모이는 날, 학교에 외부 손님들이 오시는 날, 학교 방학식 및 개학식 날, 교실을 옮기는 날 등. 구석구석 정말 열심히 청소를 했다. 대청소를 하는 날이면 온몸이 아플 정도로 청소에 열을 올렸다.

창틀과 문틀, 바닥에 얼룩덜룩한 자국들, 칠판 밑 홈, 쓰레기통 주변까지. 하지만 굳이 날을 잡지 않아도 교실이 항상 깨끗하다면 어떨까? 과연 꿈같은 일일까? 깨끗한 교실을 가진 사람은 언제든지 누가 와도 자신 있게 교실 문을 열 수 있다.

전체적인 교실 청소 방법은 다음과 같다. 칠판은 항상 깨끗하게 닦는다. 얼룩이 지지 않도록 한다. 물 칠판이라면 물걸레로 깨끗하게 닦고, 화이트보드라면 세로 방향으로 말끔하게 닦는다. 아이들이 가고 난 뒤 책상 위에는 물건이 아무것도 없어야 한다. 정리가 잘 안 되는 아이일수록 더더욱 집에 가기 전에 서랍을 비우고 책상 위를 깨끗이 하도록 지도해야 한다. 책상 위 확인이 끝나면 교실 바닥에 있는 큰 쓰레기를 손으로 줍고 빗자루질을 간단히 한다.

매일
비움
―

그런 다음 밀대로 바닥을 싹 한번 닦아주면 교실 청소가 끝이 난다. 교사 책상에 앉아서 교실을 바라보았을 때 아이들 책상 위와 교실 바닥이 반짝반짝 윤이 나면 '아, 오늘 하루도 잘 보냈구나.' 하면서 마음이 편안해진다.

 교실 청소가 힘들고 화가 나는 이유는 바닥이 항상 지저분해서 청소가 쉽지 않기 때문이다. '왜 우리 교실 바닥에는 항상 쓰레기가 많을까?' '왜 저 아이는 정리를 잘 못 할까?' '왜 청소를 해도 해도 깨끗해지지 않는 걸까?' 생각을 하면 이유가 보인다. 바닥에 쓰레기가 많은 이유는 바닥에 쓰레기를 버리는 사람들이 많기 때문이다. 그 현상을 막으려면 쓰레기를 쓰레기통에 버리는 훈련이 잘 되어 있어야 한다. 종이를 자르고 난 뒤 부스러기들을 슥 바닥으로 밀어 버리는 아이들. 자기 연필인데도 바닥으로 떨어지고 나면 바로 이별 선고를 하는 아이들. 무심코 행하는 나와 아이들의 행동 때문에 교실 바닥이 더러워진다. 자신의 물건을 소중히 하고 교실을 소중히 하는 마음만 있다면 교실은 크게 더러워지지 않는다.

  나는 종종 교실 바닥에 있는 쓰레기를 줍는다. 아무 말 없이 그저 교실을 돌본다. 나를 따라서 쓰레기를 줍는 아이들은 없지만 적어도 선생님이 교실 쓰레기를 줍는다는 건 모두가 안다. 가끔 교실 바닥에서 주인 잃은 물건을 발견하면 그 물건의 입장이 되어 '얘는 참 슬프겠다. 주인이 잃어버린 줄도 모르네.'라고 말하며 주인을 찾아준다. 찾아도 주인이 나오지 않으면 모든 아이들에게 이야기를 하고 쓰레기통으로 보내준다. 슬프지만 그 물건의 운명은 거기까지이다.

매일 비움
―

    교실을 돌아다니다가 책꽂이에 책이 이상하게 꽂혀 있으면 역시 말 없이 다시 바르게 꽂는다. 사물함도 종종 열어 보면서 물건이 자꾸 넘어지는 아이에게는 몰래 파일 꽂이를 선물하기도 한다. 이렇게 나는 교실 곳곳에 내 손이 닿도록 한다.

    내가 처음으로 만난 같은 학년 부장님은 오후에 매일 교실 바닥을 윤이 나게 닦으셨다. 그래서 그런지 그 교실은 항상 깨끗했다. 학교 업무가 아무리 바빠도 부장님의 마음만큼은 항상 편안해 보였다. 그 반 아이들 말로는 자기 반 선생님이 '슈퍼우먼'이란다. '슈퍼우먼'의 힘은 청소에서 나오는 걸까? 수세미를 들고 와서 사물함을 닦던 그 반 아이들의 모습이 아직도 생생하다. 왠지 모르게 그 반은 들어갈 때마다 기분이 좋았다.

    교실은 닦으면 닦을수록 빛이 나는 보석 상자이다. 교실을 드나들 때마다 눈으로 항상 교실을 살피자. 점검하고 확인하는 일상을 기쁘게 여기자. 내가 기쁘게 여기는 만큼 교실은 매일 나를 즐겁게 해줄 것이다. 또한 이 기운은 아이들에게도 연결되어, 모두가 교실을 아끼고 사랑하게 될 것이다.

눈앞에 보이는 풍경
교실 앞

하루 중 아이들의 시선이 가장 많이 향하는 곳은 어디일까? 바로 선생님이 수업을 하는 공간, 교실 앞쪽이다. 먼저 간단한 질문을 던져 본다. 흰 도화지 한가운데 검은 점이 있는 것과 알록달록한

매 일
비 움
―

바탕 한가운데 검은 점이 있는 것 중 어느 것이 집중도가 더 높을까? 보통 후자보다는 전자의 집중도가 높다. 교실 앞을 하나의 큰 도화지라고 생각하고, 우리는 그 도화지를 어떻게 활용할지에 대해 고민해야 한다. 알록달록한 바탕이 반드시 나쁘다는 건 아니다. 목적과 상황에 따라 바탕을 요리조리 바꾸어 주는 것이 필요하단 이야기이다.

 나는 가능하면 교실 앞쪽을 최대한 깔끔하게 유지한다. 칠판에도 자석들을 거의 붙이지 않는다. 처음에는 날짜, 요일 자석, 우유 당번, 교실 규칙 등을 칠판에 항상 붙여두곤 했다. 하지만 나조차도 그것들을 유심히 보지 않는다는 것을 깨닫고 난 이후부터는 칠판을 비우기 시작했다. 아이들이 꼭 기억해야 할 사항들이 있다면 칠판 한쪽 구석에 판서를 해둔다. 계속해서 명심해야 할 사항들은 글씨체나 색깔에 변화를 주면서 아이들의 관심을 집중시킨다. 귀여운 캐릭터나 얼굴 표정을 함께 그려두면 더 좋다. 칠판은 아이들과 나의 소통을 위해 존재한다. 우리의 소통을 막는 것들은 굳이 칠판에 둘 필요가 없다. 공간만 차지할 뿐이다. 반드시 그 시기에 필요한 것만 칠판에 담으려고 노력하자.

칠판 옆 환경판에는 아이들이 자주 묻는 수업 시간표와 식단표를 둔다. 또한 수업 시간마다 활용하는 나눔 온도계도 함께 게시한다. 이 외에도 학급 규칙, 학교 행사 안내장 등을 붙이곤 한다. 교실 뒤쪽에는 사물함이 있기 때문에 아이들이 게시물을 자주 확인하기 어렵다. 그래서 무언가 아이들이 반드시 알아야 할 중요한 것들은 최대한 교실 앞쪽 공간에 배치한다. 아이들에게도 편리하고 나에게도 편리한 최적의 위치를 잘 찾아보길 바란다.

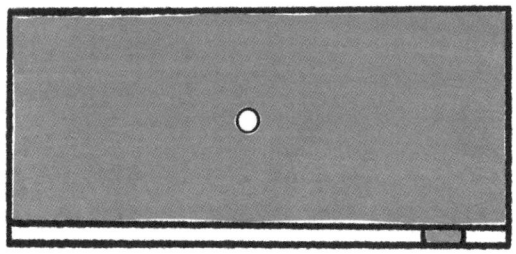

 칠판의 변신은 무죄다. 발표회를 하는 날이면 교실 앞 공간은 무대 배경으로 쓰인다. 실내 게임을 하는 날이면 점수 기록판이 된다. 학급 회의 시간에는 진지한 분위기를 만들어준다. 교실 상황에 따라 시시각각 변하는 교실 앞 공간의 역할. 변화가 자유로우려면 비어 있어야 한다. 그래야 언제든 쉽고 재미있게 바꾸어줄 수 있다.

나는 가끔 아이들 의자에 앉아 가만히 교실 앞을 바라본다. 무엇이 보이지? 어디에 눈이 가지? 칠판이 아닌 주변 물건들에 시선이 간다면 칠판 주변을 정리하거나 색상을 단색으로 통일하는 것이 좋다. 아이가 수업에 집중을 하지 못하는 이유는 어쩌면 주변 환경 때문인지도 모른다. 아이를 탓하지 말자. 아이를 탓하기 이전에 주변을 돌아보고 그 아이의 시선에서 교실을 바라보자. 그리고 그 환경이 나를 위한 환경은 아니었는지 다시 한번 나 자신을 되돌아보자.

송수진 수석선생님께서는 교실에서 쓰는 코팅지에도 신경을 써야 한다고 말씀하셨다. 반짝거리는 유광 코팅지는 아이들의 시선을 분산시킨다고 하시면서 여러 선생님들께 무광 코팅지 사용을 권유하셨다. 무엇이든 아이들에게 초점을 맞추면 답이 나온다. 교실 곳곳에 작은 배려들을 숨겨두면 아이들은 스스로 움직이게 되어 있다. 우리는 그저 몰래 다리를 놓아주기만 하면 된다. 남몰래 돕는 짜릿함을 느껴보길 바란다. 배려는 환경을 만들고, 그렇게 만들어진 환경은 우리를 움직이게 한다.

복 받은 교실이란
교실 뒤

창문은 교실 밖과 안을 이어준다. 바람으로 이어주기도 하고 따뜻한 햇빛으로 이어주기도 한다. 열 때도, 열지 않을 때도 창문은 제 역할을 톡톡히 한다. 나는 하루에 한 번 이상은 꼭 환기를 하려고 한다. 출근을 했을 때는 상쾌한 아침 공기를 교실 안으로 들이고, 청소를 할 때는 교실 안 먼지들을 바람에 훌훌 날려 버린다. 햇빛이

매 일
비 움
—

  잘 비 치는 교실은 복 받은 교실이다. 햇빛은 정말 중요하다. 햇빛만 잘 들어와도 교실은 항상 따뜻하고 포근하다.

  창가는 가능하면 완전히 비운다. 채우고 싶은 날에는 예쁜 화분 하나를 둔다. 아이들이 직접 심은 식물들을 두기도 한다. 주변에 흙이 떨어져 있지는 않은지 물은 잘 주고 있는지 수시로 살핀다. 창틀 주변을 자주 닦아주는 것이 중요하다. 창문은 빛과 바람이 드나드는 통로이다. 그 통로를 잘 열어두는 것만으로도 교실에는 좋은 기운이 가득하다.

  교실 뒤에는 보통 사물함과 큰 환경판이 있다. 대부분 사물함 위에는 물건들을 올려 두기에 딱 좋은 평평한 공간이 있고 그 위에 환경판이 있다. 저학년 아이들은 키가 작아서 환경판에 손이 잘 닿지 않는다. 그래서 거의 눈으로만 감상한다. 교실 뒤 환경판을 하나의 전시공간이라고 생각했을 때, 우리는 어떻게 작품을 전시하는 것이 좋을까? 좋았던 미술관이나 박물관을 한번 떠올려 보자. 어떤 전시가 멋졌는지. 내 머릿속에 떠오르는 멋진 작품들은 대부분 심플하게 전시되어 있었다.

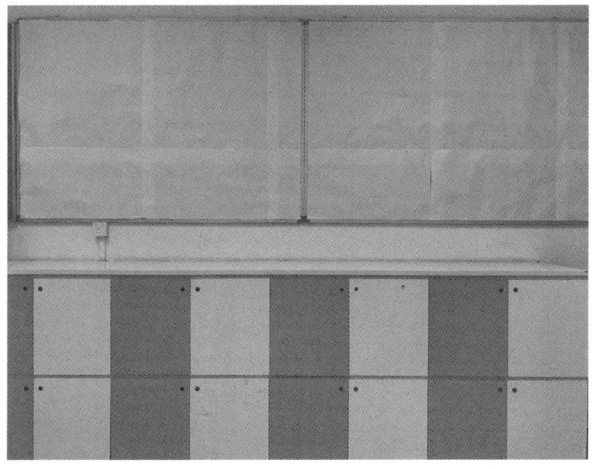

우리는 어떻게 하면 그 작품을 빛나게 할지 고민해야 한다. 또한 그 작품을 보는 대상이 누구인지 생각해야 한다. 교실 속 작품들은 누가 보는가? 나? 아이들? 학부모님? 우리는 가끔 교실 환경을 구성할 때 다른 사람의 시선을 고려하는 실수를 범한다. 환경 구성은 남을 위한 것이 아니다. 나와 우리 반 아이들을 위한 것이어야 한다. 다른 선생님들이나 학부모님들이 우리 반에 오셨을 때 '이야~ 멋지다~!'의 반응을 기대하기보다 아이들의 입에서 '우와, 저거 봐!' 하는 말이 나오게 해야 한다.

매일
비움
—

    환경에 대한 아이들의 관심은 얼마나 오래 갈까? 아이들의 관심 시기는 그리 길지 않다. 아이들의 관심도가 가장 높은 시기는 수업이 끝난 직후이다. 내가 만든 작품을 보며 뿌듯해하고 친구들의 작품을 보며 놀란다. 그렇게 일주일 정도 관심을 가지다가 그 이후로는 별로 쳐다보지 않는다. 이 말은 즉, 2주일이 지나면 작품 게시의 효력이 크게 감소한다는 것을 의미한다. 그때는 작품을 재빨리 수거해서 아이들 집으로 보내거나 개인 포트폴리오 파일에 넣어주는 것이 좋다.

    2019년에 나는 한 가지 실험을 해보았다. 2학기 내내 교실 뒤쪽 환경판에 작품을 아무것도 붙이지 않은 것이다. 흰 전지를 바탕에 두고 텅 빈 상태로 2학기를 보냈다. 문제는 없었다. 원래 계획은 흰 바탕에 작품을 하나씩 붙이면서 자주 교체해주는 것이었는데 환경판이 너무 높아 붙이기에 불편하다 보니 자주 바꾸어줄 수가 없었다. 대신 교실 벽면, 복도를 충분히 활용해서 아이들 작품을 전시했다.

정답은 없다. 하지만 나에게는 이것이 작품을 자주 바꿔주기에도 좋았고 아이들 눈높이에도 맞았기 때문에 그렇게 했다. 나를 불편하게 하고 힘들게 하는 건 오래 가지 않는다. 무엇이 중요한지 누구를 위한 것인지를 떠올려 보면 나만의 답이 나온다. 환경 구성, 이제는 정말 남 눈치 보지 말고 나와 우리 반 아이들을 위한 진짜 환경을 구성해 보자.

매 일
비 움

내 맘대로 요리조리
비움 시간

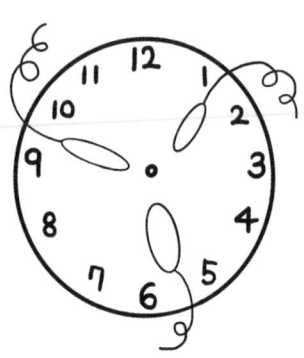

학교에서 나만의 비움 시간을 가지고 있는가? 학창시절을 떠올려 보면 수업 시간과 쉬는 시간이 구분되어 있었다. 하지만 우리는 정작 쉬는 시간에 쉬지 못하고 있다. 그 의미는 내가 스스로 쉬는 시간을 만들어야 한다는 것이다. 잠시 그 자리를 뜨고 나만의 쉬는 시간을 가지자. 그래도 괜찮다. 아니, 그래야만 한다.

비움 시간을 가지는 방법에는 여러 가지가 있다. 향긋하고 여유로운 커피 한잔 마시기, 직장 주변 산책하기, 좋아하는 음악 듣기 등 내가 원하는 것을 선택하면 된다. 나는 주로 머릿속이 복잡하면 흰 종이 한 장을 펼친다. 그리고 머릿속 생각들을 다 쏟아낸다. 이런저런 생각들을 다 적어 내려가다 보면 어느 순간 생각이 정리된다. 이렇듯 나에게 꼭 맞는 비움 방법 하나쯤은 매일 실천해보길 바란다.

해야 할 일이 너무 많은가? 그럴수록 쉬어야 한다. 197페이지에 있는 부록 02를 보자. 동그란 시간표가 꼭 피자 모양처럼 생겼다. 어린 시절 작성해 보았던 방학계획표가 생각날 것이다. 시계를 떠올려도 좋다. 펜을 들고 나의 근무 시간을 표시한다. 9시부터 6시, 8시 반부터 5시 반 등 표시를 했으면 사이 사이 나만의 쉬는 시간을 표시한다. 틈새 공략을 하는 거다. 그리고 그때만큼은 무슨 일이 있어도 쉬도록 하자. 다른 사람들이 나를 찾아도 10분 뒤에 보자고, 잠시만 기다려 달라고 하자. 우리는 지금 충전 중이기 때문이다.

매일 아침, 우리는 해야 할 리스트를 작성한다. 이것도 해야 하고 저것도 해야 하고. 이제는 반대로 하지 않을 리스트를 작성해 보자.

매일
비움
—

이는 탁진현 작가의 『가장 단순한 것의 힘』이라는 책에서 소개된 방법이다. 나의 효율적인 업무 시간을 갉아먹는 것이 무엇인지 가만히 떠올려 보자. 핸드폰을 자주 보진 않는지, 인터넷 업무를 보다가 다른 정보에 현혹되진 않는지, 여러 가지 일들을 동시에 처리하려고 하진 않는지 말이다. 생각보다 많은 것들이 우리의 소중한 시간들을 빼앗아 가고 있다. 이제는 그 시간들을 덜어내야 할 때이다.

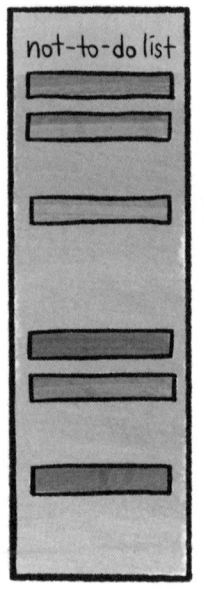

 핸드폰을 덜 보기 위해서 나는 종종 알람을 맞춘다. 아니면 '3시에 봐야지.'처럼 내 마음과 약속을 한다. 그리고 책상 끝에 핸드폰을 덮어 둔다. 잠시 핸드폰과 떨어지는 시간을 가지는 것이다. 무엇이든 떨어져 봐야 그 소중함을 안다. 핸드폰과 나 사이에도 그 시간이 필요하다. 한 시간 뒤, 두 시간 뒤에 핸드폰을 확인하면 한꺼번에 필요한 내용들을 후다닥 확인할 수도 있어서 편리하다.

인터넷 세상 속에는 우리를 유혹하는 수많은 장치들이 숨겨져 있다. 아무리 다른 정보들이 궁금해도 일단 필요한 정보 찾기에 집중하자. 정보의 바다 속에서 보물을 먼저 골라낸 뒤에 그 속을 구경해도 늦지 않다. 바다 구경을 하다가 보물을 놓치는 경우가 없도록 하자. 자유자재로, 내 의지대로 정보의 바다를 누비며 살아가자. 그 바다의 주인은 우리니까.

　일은 무조건 한번에 하나씩 처리하자. 차근차근 하면 못할 것이 없다. 책상 한쪽 구석에 업무들을 쌓아두고 제일 위에 있는 것부터 처리하자. 이것저것 펼쳐 두고 동시에 처리하다 보면 나중에는 무엇을 하고 있었는지조차 잊어버린다. 게임을 하듯 탁탁탁 미션을 하나씩 완수하자. 거기에 중요하고 급한 일, 중요하지 않지만 급한 일, 중요하지만 급하지 않은 일, 덜 중요하고 급하지도 않은 일 순으로 처리하면 그 효율성을 더욱 높일 수 있다.

　매일 주어지는 시간은 우리의 것이다. 어떻게 사용하는지는 우리에게 달려 있다. 초과근무는 고려하지도 말자. 그저 어떻게 하루 근무시간을 효율적으로 사용할 수 있을지를 고민하자. 앞에서 말했듯이

매 일
비 움
—

오늘은 오늘 할 것만 생각하고 내일 할 일은 내일로 미루자. 오늘 하지 않을 일들에 대해 걱정할 필요가 없다. 조금 더 가볍게, 조금 더 탄력적으로 근무하는 나만의 재미있는 학교생활을 만들어 보길 바란다. 내가 만드는 대로 학교는 달라지니까.

찐빵 속 앙금 살리기
행사

 행사 없는 학교는 앙금 없는 찐빵이다. 초등학교에는 재미있는 행사들이 많다. 물론 주인공은 아이들이다. 주인공을 빛나게 하기 위해서는 수많은 엑스트라가 필요하다. 하나라도 더 잘 챙기기 위해 발 빠르게 움직인다. 철저한 계획과 준비된 소품, 충분한 연습, 적절한 조명 등 모든 것이 완벽한 합을 이룰 때 행사는 성공적으로 끝난다. 그러면 여기서 말하는 '성공'은 무엇을 의미할까?

매일
비움
―

보기에 좋았다? 누가 보기에 좋았는가? 학교 행사는 무대를 관람하는 관객을 위한 것이 아니다. 물론 잘 준비된 공연은 주인공과 관객을 모두 기쁘게 한다. 그렇지만 아무리 좋은 공연이라도 주인공이 기쁘지 않다면 다시 생각해봐야 한다. '이렇게 하면 이렇게 보이겠지?'라고 생각하기보다 '이렇게 하면 아이들이 재미있어하겠지?'를 고민하자. 조금 부족해도 아이들이 즐겼다면 그걸로 만족한다. 실패한 행사는 없다. 다 의미가 있다. 행사를 마치고 피드백을 나누는 경우에도 아이들의 시선에서 문제점을 찾으면 쉽다. 예를 들어 10분씩 체험하고 장소를 옮기는 부스를 운영했는데 시간이 너무 오래 걸리고 아이들이 힘들어했다면 아이들의 입장에서 시간 계획을 다시 짜보자. 그럼 답이 나온다. 충분히 고민할수록 아이들도 즐겁고 교사도 즐거운 행사가 탄생한다.

 3년 전, 한 선생님과 학부모 공개수업을 함께 준비한 적이 있다. 수업 자료, 수업 대본 등 준비를 다 했다고 생각하고 퇴근을 하려는 순간 선생님께서 마지막으로 한번 더 점검을 해보자고 하셨다. 그래서 우리는 지도안을 다시 살폈다. 하지만 그분은 최종적으로 점검하는 방식이 다른 선생님들과 조금 달랐다. 의자에 앉아 있는 아이들 입장에서 수업 흐름을 쭉 살피는 것이었다. 아이들의 시선과 행동을 예상하고 점검했다. 그렇게 하니 불필요한 활동들이 줄고 아이들의 혼란도 피할 수 있었다.

우리 학교는 한 학기에 한 번씩 스포츠데이를 연다. 1학년부터 6학년까지 모든 학생들이 참여하는 큰 행사다. 하지만 준비 과정은 비교적 단순하다. 행사 담당자가 프로그램을 계획하고 선생님들은 그 내용을 숙지한 뒤 당일에 아이들과 함께 신나게 스포츠 활동에 참여한다. 이것이 끝이다. 담임 교사가 준비하는 건 아이들 줄 세우기, 릴레이 선수 선발이 전부다. 스포츠데이의 핵심은 정정당당하게 각종 스포츠 활동에 참여하여 협동, 용기, 책임의 가치를 배우는 것이다. 지나친 형식과 절차는 선생님과 아이들을 모두 지치게 만든다. 아이들을 위한 진정한 행사를 계획하자.

학교의 주인은 학생이다. 아이들이 원한다면 귀찮아도 기꺼이 하고 아이들이 원하지 않는다면 다른 방법을 찾자. 무엇이 되고 안 되고는 우리가 결정할 문제가 아니다. 무슨 행사든 초점을 분명히 해서 불필요한 것들에 현혹되는 실수를 범하지 말자. 배가 산으로 간다면 그 배를 다시 바다로 데려오는 것이 우리의 임무다. 중심을 잃지 말자.

매일
비움

큰물에서 논다
방학

    누구든 좋아하는 방학. 놓을 방放, 배울 학學. 배움을 놓는다는 뜻이다. 온전히 놓음으로써 비운다. 하지만 방학은 오히려 배움을 붙잡는 일이다. 배움의 공간을 확장해서 매일 생생하게 살아 있는 교과서를 만난다. 가까운 이웃 동네에서부터 먼 동네, 다른 나라까지 온 세상이 교사와 아이들의 배움터가 된다.

2020년 1월에 유럽 여행을 다녀왔다. 사진으로만 보던 미술 작품들을 실제로 보고 왔다. 어찌나 멋지던지 감탄이 절로 나왔다. 기억에 남는 작품들을 사진으로 남겨 두었다. 그리고 2020년 첫 국어 시간에 그 작품들을 우리 교실 속으로 불러들였다. 나의 경험담을 담아 실감 나게 이야기를 들려주고 직접 찍은 사진들을 보여주니 아이들이 수업 속에 더 빠져들었다. 나아가 아이들은 마음에 드는 작품을 만났고, 그 작품을 꼭 한번 실제로 보고 말겠다는 다짐까지 했다. 세상은 넓고 배울 건 많다. 배움의 안경을 쓰고 바라보면 세상은 공부할 것들로 가득하다.

 방학 때는 학교 밖 사람들을 만날 기회가 많다. 이런 사람, 저런 사람. 세상에는 참 다양한 사람들이 있다. 한번은 비행기 조종사를 만났다. 비행기 한 대에 여러 명의 조종사가 탑승하여, 그 안에서 교대로 근무를 한다고 했다. 또한 먼 나라로 여행을 갈 때 큰 비행기가 필요한 이유는 기름을 많이 실어야 하기 때문이란다. 이 외에도 비행기 조종사가 될 수 있는 방법, 비행기가 서로 충돌하려고 할 때의 대처법, 비행기를 착륙시키는 방법 등에 관한 이야기를 들었다. 정말 흥미로웠다. 교실에는 다양한 꿈을 가진 아이들이 있다. 나는 '교사'라는 한 가지 직업밖에 경험해보지 못했다. 우리가 다른 사람들을 통해 다른 직업들을 경험하지 못한다면 우리는 과연 아이들의 꿈을 어떻게 키워줄 수 있을까? 아이돌 가수에서부터 축구선수, 간호사, 과학자, 작가, 의사까지. 아이돌 가수라고 해서 다 같은 아이돌 가수가 아니고 축구선수라고 해서 다 같은 축구선수가 아니다. 진정한 꿈은 '어떤 축구선수가 되느냐'이다. 세계가 점점 더 하나의 마을처럼 가까워지는 이 시대에 우리는 아이들에게 더 큰 세상을 선물해주어야 한다. 큰 세상을 마음껏 누비며 하고 싶은 일, 의미 있는 일을 하며 살아갈 아이들의 모습을 그려본다.

교사들을 막는 건 교육을 막고 아이들을 막는 것과 같다. 교사들을 학교에서 놓아주자. 놓아도 도망가지 않는다. 시대 변화에 발맞추어 등장하는 연수도 듣고 건강한 체력을 위해 운동도 하고 평소 망설였던 새로운 배움에도 도전해야 한다. 이 모든 것들이 아이들에게 간다. 방학은 선택이 아닌 필수다. 학교 밖 배움에 온전히 투자할 수 있는 시간이다. 아이들은 교사를 통해 세상을 본다. 우리가 보는 세상이 넓어야 아이들 마음속 세상도 덩달아 커진다. 이제 우리, 큰물에서 놀자.

매 일
비 움

나랑 같이 할래?
비움 모임

      학교에서 미니멀을 실천하던 중 어느 날 옆자리 선생님께서 도움을 요청하셨다. 비움의 노하우를 공유해 달라는 것이었다. 나는 가만히 그 분을 떠올리며 그 분을 위한 비움 실천 계획표를 만들어 드렸다. 3주 동안 매일 조금씩 비워 나가는 흐름이었다. 그렇게 함께 비움을 실천하던 중 문득 학교 현장에도 이렇게 비움을 원하시는 분들이 많겠다는 생각을 하게 되었다. 그래서 2019년 9월에 열게 된 것이 하루 2분 미니멀한 학교생활, 줄여서 '하이미니' 프로젝트다.

처음에는 아는 지인들과 함께하는 것으로 시작했다. 열여섯 분 정도가 모였다. 소소한 모임이었기에 서로 오순도순 이야기를 나누며 3주를 보냈다. 가볍게 함께하려고 했지만 막상 리더가 되니 공부를 하지 않을 수 없었다. 그래서 그때부터 정리와 비움 관련 책들을 찾아 읽기 시작했다. 공부를 하면 할수록 나눌 것들이 많아졌다. 덕분에 나도 성장하고 팀원들도 성장할 수 있었다.

이렇게 훈훈하게 1기를 마무리하고 인증서를 수여했다. 1기분들의 든든한 지원을 받아서 2기 모집글을 올렸다. 그런데 이게 무슨 일인가. 신청자가 갑자기 확! 늘어난 것이었다. 알고 보니 1기에 참석해 주셨던 이수잔 선생님께서 '교사맘' 카페와 '전국 교사' 밴드에 모집글을 홍보해 주신 것이었다. 좋음을 나누었더니 더 큰 선물이 되어 돌아왔다. 그 순간을 생각하면 언제나 짜릿하다.

2020년 6월까지 나는 총 열 기수의 선생님들을 모셨다. 선한 마음은 통한다고 했던가. 내 모집 글을 보고 참여해주신 모든 분들이 참 좋으셨다. 마음도 좋으신데 능력까지 좋으셨다. 덕분에 다른 선생님들의 교실 환경도 구경하고, 학급 경영 노하우도 알게 모르게 많이 배웠다. 매 기수를 시작할 때마다 나는 항상 깊은 고민에 빠진다. '어떻게 바꾸어 볼까?' '어떻게 하면 더 쉽고 재미있게 참여하실까?' 책 읽기 미션도 넣어 보고 클래식이나 시, 명언 등도 적용해 보았다. 조금씩 변화를 주니 나도 재미있었고, 참여하시는 분들께도 매번 새로운 느낌을 전할 수 있어서 좋았다. 언제까지 이 프로젝트를 진행하게 될까? 도움을 필요로 하고 요청을 하시는 한 계속하고 싶다. 2020년 2월에는 깜짝 방문 이벤트도 열었다. 비움이 필요하신 선생님의 교실을 직접 방문해서 함께 정리를 해주는 이벤트였다. 나의 작은 손길로 누군가를 도울 수 있는 것만으로도 정말 행복하고 의미 있는 경험이었다. 다시 한국에 돌아간다면 한 달에 한 번씩은 꼭 방문 이벤트를 열어 보고 싶다. 다른 학교도 구경하고 새로운 선생님들도 만나고. 얼마나 좋은가.

이 프로젝트는 대단한 프로젝트가 아니다. 주변을 둘러보자. 내가 하는 것을 함께하고 싶어 하는 사람들이 있다면 그저 함께하면 된다. 내가 손을 내밀면 그들은 내 손을 잡을 것이다. 아무도 잡지 않을까 봐 걱정이 되는가? 걱정하지 말자. 분명히 있다. 온라인이든 오프라인이든 손을 내밀기만 하면 나머지는 저절로 따라온다.

사람은 다른 사람을 돕기 위해 태어난다. 누구에게나 도울 수 있는 능력은 있다. 나누면서 얻는 기쁨은 그 어떤 기쁨보다 크다. 느껴 본 사람은 안다. 아주 작은 것 하나라도 나누면서 살아가자. 가볍게 옆 반 선생님 또는 같은 학년 선생님들과 비움 모임을 만들어 보아도 좋다. 재미있는 게임을 하듯이 작은 보상을 걸고 한번 시작해 보자. 서툴면 또 어떤가. 하면서 배울 것이다.

아이들과 함께
비움을 배워갑니다

매일
비움

내 것인 듯 내 것 아닌
학습준비물

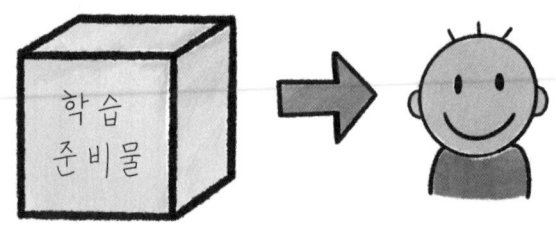

매년 늘어나기만 하는 학습준비물. 교실 짐 중에 가장 많은 비중을 차지하는 건 단연코 학습준비물이다. 학습준비물은 말 그대로 학습과 배움을 위한 준비물이다. 우리는 매 학기 초마다 학습준비물을 구입한다. 3학년을 맡은 경우 3학년 교과서를 살피며 준비물 목록을 작성하고, 학생 수에 맞게 필요한 양만 구입한다. 그런데 왜 항상 학년 말에는 많은 물건들이 그대로 남을까? 참 신기한 일이다.

학습준비물은 아이들을 위한 것이다. 내 물건이 아니다. 내 짐도 아니다. 아이들에게 고스란히 돌아가야 할 물건들이다. 교실이 바뀔 때마다 물건들을 들고 나르다 보면 가끔 그 물건들이 내 물건인 것처럼 착각을 하곤 하지만, 그것들은 엄연히 아이들 물건이다. 아끼지 말고 충분히 사용하자. 그리고 그 해 준비물은 가능하면 그 해에 다 쓰도록 하자.

2019년 말, 나는 교실 곳곳에 있는 학습준비물을 다 꺼내서 사물함 위에 올려 두었다. 눈에 보여야 쓸 것 같았기 때문이다. 매일 사물함 위의 준비물들을 눈여겨 보면서 어느 수업에 활용할지를 고민했다. 예를 들어 '겨울나무 액자 만들기'를 해야 한다면 그 속에서 폼폼이와 튼튼한 종이, 목공풀 등을 꺼내오게 했다. 이렇게 하니 11월, 12월은 정말 풍부한 자료로 알찬 수업을 진행할 수 있었다. 아이들이 먼저 사물함 위의 재료들을 보면서 '선생님, 이건 언제 하나요? 빨리 했으면 좋겠어요!'라고 말하기도 했다. 자연스럽게 동기유발도 된 셈이다.

매 일
비 움
—

    학습준비물 정리는 해도 해도 끝이 없다. 연구실, 학교 자료실, 각종 상자들, 곳곳에 숨겨져 있는 수업 자료들…. 일단 전부 꺼내보자. 꺼내는 것이 시작이다. 꺼내면 보이게 되고 보이게 되면 쓰게 된다. 자료를 요리조리 활용하다 보면 '나에게도 이런 창의력이 있었나?' 하는 생각이 들 정도로 수업 준비가 재미있어진다. 하지만 더 좋은 건 학습준비물을 신청할 때부터 물건들을 신중하게 고르는 것이다. 이미 가지고 있는 자료들을 다 파악한 뒤, 없는 물건들만 필요한 양만큼 구입하도록 하자.

    2020년 3월, 코로나19 바이러스로 인해 개학이 미루어지는 사태가 발생했다. 우리는 학기 초 수업에 필요한 물건들을 미리 구입했으나 배송이 지연되고 아이들이 학교에 오지 않는 바람에 모든 것이 어그러졌다. 수업 자료가 없는 상태에서 자택 근무를 하며 온라인 수업을 해야 했다. 자료가 없어서 불편한 점도 있었지만 한편으로는 '우리가 정말 많은 자료들 속에 묻혀 살았었구나.' 하는 생각이 들었다. 막상 겪어 보니 꼭 필요한 자료는 많지 않고, 수업 자료는 얼마든지 다른 것들로 대체가 가능했다.

그렇다면 학습준비물은 꼭 물건이어야 할까? 준비물의 뜻을 찾아보니 '미리 마련하여 갖추어 놓는 물건'이라고 되어 있다. 만약 학습준비물 비용을 물건이 아닌 다른 곳에 쓸 수 있다면 나는 그 돈을 아이들의 경험에 투자하고 싶다. 예를 들어 사회 시간에 중심지 답사가 나오면, 그 돈으로 아이들과 함께 버스를 타고 시청이나 박물관 등에 다녀온 뒤 맛있는 아이스크림을 사먹는 것이다. 상상만 해도 재밌지 않은가? 경험을 남기는 것에 돈을 쓰면 하나도 아깝지 않다. 왜냐하면 그 모든 것들은 나와 아이들 속에 고스란히 남기 때문이다.

매일
비움
—

마음을 보여주는
서랍

숨 막히는 책상 서랍을 본다. 금방이라도 책들을 토해낼 것만 같은 서랍. 들어가지도 않는 음식들을 입 안에 마구 욱여넣은 모습 같다. 한번에 많은 음식을 빨리 먹으면 소화가 안 된다. 숨이 턱턱 막힌다. 내 속이 아픈데 수업이 머릿속에 들어올 리가 없다. 그래서 서랍이 엉망인 아이들은 공부를 제대로 할 수가 없다. 속이 편안하지 않은 상태에서 공부는 그저 딴 세상 이야기일 뿐이다. 지금 당장 그 아이 곁으로 다가가서 아이가 천천히 속을 비울 수 있도록 도와주자. 옆에서 배를 살살 문질러 주기만 하면 된다. 자주 체하는 사람이 있듯이 서랍 정리도 한번 한다고 해서 계속 유지되는 건 아니다. 꾸준한 노력과 관심이 필요하다.

서랍과 사물함 때문에 우리는 얼마나 많은 실랑이를 했는가. 잔소리도 해보고 나무라기도 하고 직접 정리를 해주기도 했다. 그렇지만 무언가 해결책이 필요했다. 2019년 2학기를 시작하는 날, 나는 칠판에 그림을 그리며 아이들에게 설명했다. '너희도 이미 잘 알고 있겠지만~'이라는 말을 앞에 덧붙이며 서랍과 사물함 정리 방법을 간단

매일
비움
—

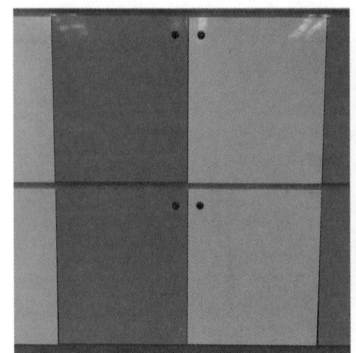 

히 알려주었다. 잘 알고 있다는 듯이 고개를 끄덕이는 2학년 아이들이 참 귀엽고 예뻤다. 평소에 정리를 잘하는 아이들에게는 잘하고 있다고 칭찬하고, 조금씩 변화하는 아이들에게는 용기를 심어주는 칭찬을 해주었다. '○○이가 오늘은 스스로 정리를 했구나!' '역시! 정말 멋져!' '우와~! ○○이에게도 이런 능력이 있었구나!' 아이가 자신의 숨겨진 능력을 발견하고, 자존감을 기를 수 있는 말을 해준다. 자신의 행동을 다른 사람의 말을 통해 확인한 아이들은 스스로 정리를 해나갈 힘이 생긴다.

나는 아이들이 하교를 할 때 반드시 서랍을 비우고 가게 한다. 간단한 게임을 활용하면 즐겁게 비울 수 있다. 다섯 손가락으로 하는 일명 '손병호' 게임이다. 선생님이 특정 문장을 말하고 그 문장에 해당하면 아이들은 손가락을 하나씩 접는다. 손가락을 접으면서 자신의 서랍과 사물함 상태를 확인하는 것이다. 예를 들어 '서랍 다 비운 사람? 접어.' '사물함 깨끗하게 정리된 사람? 접어.'와 같은 질문들을 한다. 이것은 '오늘 숙제 가방 속에 다 넣은 사람?' '자신의 책상 아래가 깨끗한 사람?' 등과 같이 변형하여 활용할 수도 있다. 이렇게 다섯 손가락을 다 접은 아이들은 웃는 얼굴로 홀가분하게 교실을 떠난다.

이 게임은 일종의 양심 게임이다. 교사나 부모가 직접 아이의 상태를 확인하지 않더라도 아이를 믿어주며 아이의 양심을 직접 키우는 방법이다. 하나하나 내가 직접 확인하면 힘이 들 뿐더러 자칫 잘못하면 아이의 삶에 개입하는 것이 될 수 있다. 아이도 아이 나름의

매일 비움

프라이버시가 있다. 선생님과 부모님께 사랑받고 싶어 하는 아이들의 속마음을 억지로 들추어내지 말자. 있는 그대로 믿어주고 사랑해주면 아이들은 언제나 그렇듯 우리 곁으로 돌아온다.

나는 아이들의 서랍과 사물함을 통해 아이들의 마음을 들여다본다. 문득 한 아이의 사물함을 열었는데 엉망이 되어 있다면, 그 아이의 마음을 먼저 떠올린다. 쓰러진 교과서들을 가지런히 세워주며 '이 아이에게 무슨 일이 있는 걸까?' '요즘 이 아이는 무슨 생각을 할까?'라는 질문을 던지며 잠시 생각에 잠긴다. 일기가 글로 하는 소통이라면 이것은 눈으로 하는 소통이다. 아이의 마음이 눈에 보인다. 보여주니 참 다행이다. 이렇게라도 표현되는 덕에 우리는 그 아이를 한번 더 생각할 수 있는 기회를 얻는다. 아이의 진짜 마음에 닿으려면 아직 멀었지만, 그래도 우리는 하루하루 아이에게 다가가는 연습을 해야 한다.

어디든 아이의 흔적이 남아 있는 곳이라면 물건을 보기 전에 아이의 마음을 생각해 보자. 마구 어질러진 장난감, 더럽혀진 책상 위를 보며 아이의 마음을 떠올리자. 그리고 잔소리를 하기 전에 아이와 대화를 나눈다. '요즘 어때?' '뭔가 힘든 일이 있니?' 아이가 정리를 해야 한다는 사실을 몰라서 어지럽힌 것이 아니기 때문이다. 유치원 시절만 지나도 정리를 해야 한다는 건 누구나 알고 있다. 우리도 정리의 필요성을 알고 있지만 종종 놓치지 않는가. 잠시 긴장의 끈을 놓고 아이와 눈을 마주쳐 보자. 아이들은 다 알고 있다.

매일
비움
—

쿠폰 모아 선물 받자
비움 습관

나는 작년 2학년 아이들과 함께 한 학기 동안 세 가지 비움 습관을 키웠다. '책상 서랍과 사물함 비우기, 책상 닦기, 가방 정리하기'가 그것이다. 한 학기에 한 가지 습관도 좋고 일 년에 한 가지도 좋다. 개수는 중요하지 않다. 아이들과 함께 비움을 실천한다는 것에 의의를 두었다. 습관 만들기에서 중요한 것은 '오래 지속하는 것'이다. 잠깐 하고 끝난다면 그건 습관이 아니다. 적어도 3주, 한 달 정도는 꾸준히 실천해 보자. 습관을 들이는 것은 어린 아이 할 것 없이 어렵다. 아이들과 부모, 교사 모두의 인내심과 노력이 필요하다. 강요에 의한 비움은 피하는 것이 좋다. 비움 습관을 만드는 최종 목적은 비움의 즐거움을 아는 것이기 때문이다.

매일
비움
—

   처음 아이들과 비움 습관 만들기를 시작한 날, 나는 아이들 이름이 담긴 비움 습관 스티커판(부록 03)을 준비했다. 월요일부터 금요일까지 2주, 총 10일 동안 매일 책상 서랍을 비우고 사물함을 정리하는 사람에게는 상장과 선물을 주기로 했다. 처음 하는 프로젝트여서 그런지 아이들은 신이 나서 열심히 참여했다. 스티커도 가능하면 스스로 붙이게 하였다. 10일 뒤에는 보상 없이 비움 습관을 한 주 더 이어갔다. 이를 통해 아이들의 삶 속에 비움이 자연스럽게 녹아들길 바랐다.

   그 다음 달에는 책상 닦기 미션으로 프로젝트를 진행했다. 윤현선 정리전문가의 클린스팟(항상 깨끗하게 유지하는 장소) 이야기를 듣고, 아이들과 함께 클린스팟을 만들어 보기로 했다. 집에 가기 전에 매일 물티슈로 책상을 닦는 것이다. 나도 함께 닦았다. (사실 환경을 위해 물티슈보다는 손걸레를 사용하는 것이 더 좋다.)

   물티슈를 학교에 가져오는 것만으로도 2학년 아이들은 참 즐거워했다. 매일 친구들과 재미있게 책상을 닦고 집으로 돌아갔다. 그리고 다음날 아침마다 아이들은 반짝반짝 빛나는 책상을 맞이했다.

이렇게 한 달 동안 아이들은 충분히 비움의 즐거움을 느꼈다. 나 또한 매일 깨끗한 아이들의 책상을 보니 기분이 좋았다.

마지막으로 함께 실천한 습관은 가방 정리였다. 부모님들께서 가장 좋아해주셨다. 2학년 아이들에게 딱 필요한 생활 습관이기도 했다. 스스로 가방을 챙기기 시작하는 시기인 만큼 학교에서 한 번, 집에서 한 번 매일 가방을 스스로 정리하게 하였다. 가방 정리 방법은 간단하다. 일단 가방 속에 있는 물건들을 다 꺼낸 다음 필요한 물건만 담는 것이다. 여기서도 긍정적인 보상을 활용했다. 쿠폰 도장을 7개씩 모을 때마다 각각 사탕, 초콜릿, 볼펜, 작은 학용품 세트를 선물한 것이다. 꼭 선물이 아니더라도 칭찬처럼 작은 보상을 해줘도 좋다. 한 달 동안 꾸준히 가방 정리를 실천하니 아이들이 숙제도 스스로 잘 챙기게 되었고, 물건을 잃어버리는 횟수도 확실히 줄어들었다.

매일
비움
—

    물론 모든 아이들이 이 습관들을 삶 속에서 계속 이어나갈 것이라고 생각하는 것은 큰 오산이다. 그런 기대를 하면 할수록 우리 마음만 무겁다. 습관을 만드는 건 어른들도 힘들다. 헌데 아이들은 오죽할까. 강요하지 말고 그저 옆에서 함께해주자. 아이들도 아이들만의 속도가 있다. 일단 즐기게 하는 것이 중요하다. 비움이 즐겁다는 것만 알면 아이들은 언제든 그것을 자신의 삶으로 가져올 것이다.

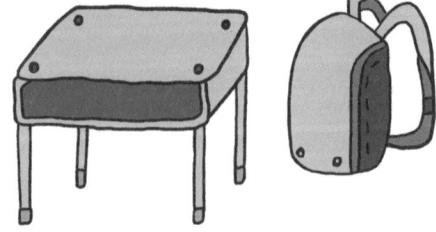

너는 나의 거울

공용 물품

우리 반에는 함께 쓰는 공용 물품 코너가 있었다. 교실 한쪽 구석에 물건들을 두고, 수업 중에 필요한 물건들을 가져다 쓰도록 했다. 그곳에는 네임펜과 유성매직, 풀, 가위와 보드마카 등을 두었는데, 문제는 정리였다. 모둠별로 물건들을 가져다 쓰고 난 다음부터는 항상 그곳이 엉망이 되는 것이었다. 네임펜이 교실 바닥에 굴러다니거나 풀 뚜껑이 사라지기 일쑤였다. 어떻게 하면 좋을까? 고민에 빠졌다. 사실 그때는 근본 원인을 바꾸기보다 뒷수습을 하기에 바빴던 것 같다.

매 일
비 움
—

  이제 우리 반에는 공용 물품 코너가 없다. 함께 쓰는 물건들은 있지만 그 공간을 따로 두진 않는다. 필요할 때 꺼내주면 아이들이 다 쓴 뒤에 스스로 정리해서 반납을 한다. 쓰고 반납하는 원리는 똑같지만 물건들의 상태가 확연히 다르다. 시키지도 않았는데 네임펜을 색깔별로 예쁘게 정리해서 준다. 내가 그 물건들을 아끼는 마음이 아이들에게 전달된 걸까? 종종 아이들의 행동에서 나를 발견한다.

  일단 가능하면 물건들을 항상 가지런히 정리해두려고 한다. 그리고 아이들에게 물건을 전해줄 때는 새 물건을 전해주듯 반짝반짝 빛나는 상태로 물건들을 나누어준다. '휙휙 그냥 가져가라, 있으니까 써라.'가 아니라 '함께 쓰는 물건 소중히 써주렴.' 하는 마음을 담아 소중하게 전달한다. 그럼 아이들도 그 마음을 안다. 소중히 쓰고 예쁘게 나에게 다시 가져다준다.

  한번은 이런 일이 있었다. 쉬는 시간에 잠시 교무실을 다녀왔는데 칠판 주변이 아주 깨끗하게 정리되어 있는 것이었다. 칠판이 말끔하게 닦여져 있고 보드마카와 칠판지우개가 한쪽 구석에 가지런히 놓여 있었다. 그 당시 우리 반에는 한 사람당 한 가지 역할을 교실에서 수행하는 1인 1역도 없었고 내가 부탁을 한 상황도 아니었다. 그 모습을 보고 놀라우면서도 정말 뿌듯하고 대견했다. 어떤 아이가 한 행동인지는 아직도 모른다. 굳이 찾으려고 하지 않았다. 칭찬을 바라고 한 행동이 아니기 때문이었다. 그 아이는 선생님이 칭찬하지 않아도 충분히 만족감을 느꼈을 것이다. 잘 정리된 칠판 주변을 보며 혼자 미소를 짓지 않았을까?

이처럼 아이들은 어른들의 행동을 보고 배운다. 잔소리는 그냥 잔소리일 뿐이다. 아무런 소용이 없다. 묵묵히 행동으로 보여주었을 때 아이들은 따라온다. 무엇이든 마찬가지다. 내가 변하면 주변이 변한다는 말이 있다. 내가 무언가를 진정으로 즐기며 행동하면 그 기운은 자연스럽게 내 주변에 전달된다. 그때부터 사람들은 내가 즐기는 무언가에 관심이 생기게 된다.

예를 들어 우유를 싫어하는 아이 앞에서 우유를 아주 맛있게 먹는 것을 반복하다 보면 그 아이가 어느새 우유에 관심을 가지게 된다. 이것을 산행에 비유할 수도 있다. 아무리 산행이 좋아도 억지로 그 사람들을 끌고 가는 것은 무리다. 산 정상에 좋은 것이 있다고 말

매일
비움
—

한들 무슨 소용이 있으랴. 그들은 산 정상에 관심이 없다. 그저 한 걸음 한 걸음 발을 내딛는 것이 힘들 뿐이다. 억지로 데려가기 전에 산행이 얼마나 향기롭고 즐거운 것인지 보여주자. '음~ 나무에서 상쾌한 향기가 나~!' '풍경이 너무 아름답지 않니?' 진정으로 행복하게 즐기는 모습을 보여주면 그들은 따라오게 되어 있다. 일부러 보여주려고 하지도 말자. 그저 우리는 우리의 길을 가면 된다. 모든 것이 그렇다. 상대에게 원하는 것이 있다면 내가 그 행동을 먼저 보이자. 하지만 힘들게 억지로 그 일을 하진 말자. 정리든 청소든 싱글벙글 아주 즐겁게 하다 보면 어느새 주변 사람들이 하나둘 빗자루를 들고 나타난다. 예전에는 투덜투덜 아이들이 사용한 물건들을 정리하기에 바빴지만 이제는 아니다. 잠시 쉬어가듯 여유 있는 미소를 지으며 정리를 시작한다. 그렇게 하다 보면 내 옆에 어느새 아이들이 다가와 같이 정리를 하고 있다.

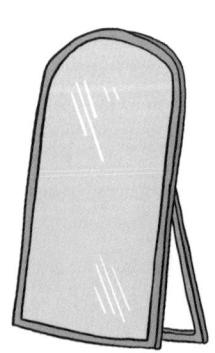

나누니까 좋잖아
아름다운가게

아름다운가게는 기부, 기증, 봉사활동 등 다양한 활동을 하면서 모두가 함께하는 나눔과 순환의 세상을 꿈꾸는 가게이다. 내가 처음 아름다운가게를 알게 된 건 대학생 시절 교생실습 때이다. 그 당시 도덕 수업을 맡게 된 나는 아이들에게 조금 더 생생한 수업을 만들어주고자 직접 아름다운가게를 방문해서 인터뷰를 했다.

매일
비움
—

   친절하신 사장님께서 말씀을 조리 있게 잘 해주셔서 인터뷰가 순탄하게 잘 끝났다. 다음 날, 촬영한 영상을 아이들에게 보여 주었더니 아이들이 정말 신기해했다. '선생님 저기 실제로 다녀오셨어요?' '정말 선생님이 촬영하셨어요?' 그때부터 아름다운가게와의 인연이 시작되었다.

   아름다운가게에 내가 처음으로 기증을 해본 건 25살 때였다. 창원에 발령을 받고 자취를 하던 시절, 오래된 물건을 버리고 집을 예쁘게 꾸미고 싶은 마음에서 시작한 정리. 가방, 옷, 책 등 내 짐만 세 박스가 나왔다. 그리고 3년 뒤 아파트로 이사를 가게 된 날, 나는 또 세 박스의 물건을 기증했다. 이렇게 기증을 해본 나는 아이들과도 물건 기증을 해보고 싶다는 생각이 들었다. 마침 도덕 교과서에 아름다운가게가 소개되어 있기에, 웹사이트를 검색해 보았다. 그랬더니 기증할 물건의 양이 세 박스 이상이면 방문 수거를 해준다는 사실을 알게 되었다. 나는 그때 '이거다!' 싶어 바로 아이들에게 의사를 물었다.
"얘들아, 우리도 한번 아름다운가게에 기증을 해보지 않을래? 우리 반 이름으로 기증을 하는 거야. 세 박스가 넘으면 아저씨가 직접 수거를 하러 오신대. 멋지지 않니?"

이렇게 나는 4학년, 5학년 아이들과 각각 한 차례씩 총 두 차례 아름다운가게에 물건을 기증했다. 초록색 앞치마를 두른 아저씨가 수레를 끌고 오셔서 물건들을 수거해 가셨다. 우리는 너무 신기해서 같이 기념사진도 찍었다. 아직도 그 기억이 생생하다. 방문 수거 예약일이 다가오면 '언제 오시려나?' 하면서 은근히 아저씨를 기다리던 아이들과 나. 그날은 자꾸 힐끔힐끔 창밖만 바라보았다.

 아이들과 함께 물건 기증을 준비한 과정은 다음과 같다. 먼저 교실 앞쪽에 제일 큰 빈 상자 세 개를 가져다 두었다. 기간은 일주일을 주었다. 집에서 쓰지 않지만 버리기엔 아까운 물건들을 가지고 오라고 했다. 책가방도 무거운데 물건까지 들고 오려면 아이들에겐 조금 벅차다. 그래서 하루에 다 가져오지 말고 조금씩 나누어서 들고 올 수 있도록 했다. 주말 동안 가족끼리 대청소를 해보고 가족 물건을 가지고 와도 좋다고 안내하였다. 그랬더니 나중에는 엄마 가방, 엄마 구두, 장바구니 등도 가지고 왔다. 그중에서도 인형이 유독 많았다. 너무 귀여운 인형의 경우, 기증을 하러 갖고 왔다가 다른 친구들의 것이 되어버리기도 했다. 연말정산 기부금 혜택은 따로 받지 않았다. 그 부분은 수거하러 오신 분께 말씀을 드렸더니 알아서 처리해

주셨다. 박스를 가져가신 뒤 1~2주가 지나면 처리가 완료되었다는 감사 문자가 날아온다.

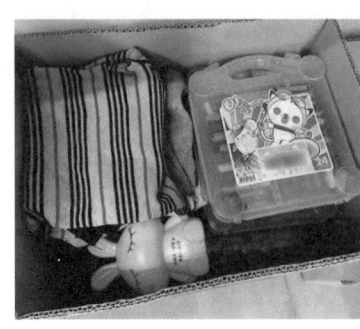 

함께하면 세 박스 정도는 모으기 쉽다. 아이들과 함께해도 좋고 주변 선생님들과 함께해도 좋다. 연구실이나 복도에 박스를 마련해 두고 학년 전체가 물건을 모으는 것도 의미가 있다. 수업에서 꼭 한번쯤은 '나눔' '도움' '배려'와 같은 가치를 다룬다. 그런 수업과 연계하여 이 활동을 진행해 보자. 이것이야말로 정말 삶과 연계된 수업이니까. 아름다운가게 외에도 여러 가지 기증 업체들이 많으니 가까운 곳을 찾아서 이용해 보길 바란다. 손만 뻗으면 도움을 줄 수 있는 곳들이 널려 있다.

기부나 기증은 특별한 사람들이 하는 것이 아니다. 누구나 할 수 있다. 사람들은 누구나 나누고 싶어 한다. 하지만 행동하지 않을 뿐이다. 작은 것도 좋다. 이번 주말에는 아이와 함께 나눔의 손길을 뻗어 보는 것이 어떨까? 거창하게 생각하지 말고 일단 해 보자. 하나를 나누면 열을 얻게 될 것이다. 그 뿌듯한 마음은, 말로 어떻게 설명할 수가 없다. 직접 느껴 보아야 한다.

어린 시절 부모님과 함께 기증, 기부를 해본 아이들은 사회인이 되어서도 나누는 삶을 살아갈 확률이 높다. 직접 경험한 것은 몸속에 남아서 잊히지 않는다. 공부도 좋지만 이런 의미 있는 경험들이 아이들의 삶에 더 큰 보탬이 되지 않을까? 물건과 돈이 아니더라도 나눌 수 있는 건 많다. 마음을 나누고 나의 작은 능력을 나누다 보면 분명 이 세상은 더욱 따뜻해질 것이다.

언제 어디서나 장착
웃음

> 웃는 거야 그래 그렇게 늘 그래왔던 것처럼
>
> 별일 아냐 흔한 일이잖아 이제 너인 것 같아
>
> 늘 그렇게 웃어
>
> 서영은 노래, 〈웃는 거야〉 중에서

매일 비움 —

    이 세상에는 웃으면 해결되는 일들이 너무도 많다. 하루는 내 뒷자리 선생님의 아기가 교무실을 깜짝 방문했다. 아직 태어난 지 1년도 안 된 아기. 아기가 등장하자마자 교무실은 웃음바다로 변했다. 그 고요하던 교무실이 금방 화기애애해졌다. 다들 입가에 미소가 가시질 않았다. 싱글벙글. 아기의 등장만으로도 이렇게 모두가 행복할 수 있다니. 그 순간만큼은 모두가 일을 잊고 함께 웃었다.

  수학 시간에 일어난 일이다. 수학 시간에는 설명을 하기도 전에 문제를 먼저 푸는 아이들이 꼭 있다. 예전에는 '먼저 풀지 마세요. 같이 풉시다.' 이런저런 이유를 대면서 잔소리를 했다. 하지만 이제는 웃으면서 '○○아, 너 혼자 먼저 풀고 그럴 거니? 자꾸 그러면 선생님 삐진다?'라고 말하며 너스레를 떤다. 그 순간 피식 웃는 아이. 잘못된 행동임을 깨달음과 동시에 서로 기분 나쁘지 않게 수업을 이어 나갈 수 있다. 웃음을 통해 재치 있게 넘어가는 센스를 발휘해 보자.

  한번은 한 수석교사님께서 하시는 연수를 들은 적이 있다. 그 분은 수업을 시작하기 위해 교실을 들어서는 순간 항상 크게 방긋 웃으면서 '얘들아, 안녕?' 하고 인사를 하신다고 한다. 교실 바닥에 우유가

터져 있어도, 아이들이 일어서서 돌아다니고 있어도 말이다. 웃으면서 교실을 들어오는 순간 그 수업은 시작부터 달라진다. 내 눈앞에 보이는 모든 것들을 잠시 무시하자. 그리고 웃자. 웃는 순간 모든 것들이 사랑스러워 보인다.

 아주 심각한 것이 아니라면 '웃음'으로 싸움도 쉽게 해결 가능하다. 어느 날 오후, 청소 시간에 원래 친하게 지내던 두 아이가 밀대 하나를 두고 투닥거리는 모습을 포착했다. 나는 그 아이들에게 슬며시 다가갔다. 선생님이 다가가자 심각한 표정을 짓는 두 아이. 그 순간 나는 '웃음'을 장착했다. '너희는 친한 사이인데 왜 이런 일이 일어났을까? 아~ 이 밀대 때문에 그런 거구나! 이 밀대가 문제네! 문제야! 이 밀대를 혼내야겠다! 에잇!' 밀대를 망가트리는 시늉을 했다. 피식 웃는 아이들. 웃음이 터지자 그 사건은 그 자리에서 해결되었다. 서로 정말 별것 아닌 일로 싸웠다는 생각에 아이들은 오히려 자신들의 모습을 부끄러워했다. 아이들은 서로 악수를 하고 포옹을 한 뒤 다시 청소를 하러 돌아갔다. 우리에게는 아이들 수준에 맞는 적당한 장난스러움도 필요하다.

이 외에도 회의 시간, 다른 선생님들과의 대화 상황 속에서도 '웃음'은 필요하다. 단, 아무 상황에서나 웃으면 분위기 파악을 못하는 사람이 될 수 있으니 주의하길 바란다. 힘든 일, 궂은일이 생겼을 때 어차피 해야 할 일이라면 웃으면서 하자. 그 순간 웃으면 내 마음도 좋고 주변 사람들의 마음도 좋아진다. 회의 시간에 반대 의견을 내고 싶다면 역시 웃으면서 말을 해보자. 유머러스하게 말을 건네면 듣는 사람의 마음도 활짝 열릴 것이다.

이 사례들의 공통점은 남이 아닌 내가 먼저 웃는다는 것에 있다. 어떤 상황이 내 눈앞에 닥쳐와도 일단 입꼬리를 올리자. 눈도 함께 웃자. 진심을 다해 웃자. 스튜어디스의 모습을 떠올려 보라. 친절하고 다정한 그 웃음. 웃는 사람에게는 누구도 함부로 대하지 못한다. 웃음에도 연습이 필요하다. 유튜브에 '미소 연습'을 검색하고 매일 아름다운 미소를 연습해 보길 바란다. 미소는 분명 우리에게 좋은 일들을 불러올 것이다.

깨끗한 물을 얻는 비법
명상

"명상은 마음의 평화를 위한 것이다.

명상으로 하루를 시작하면 전혀 다른 하루가 된다."

한근태, 『몸이 먼저다』(미래의창, 2014) 중에서

매일
비움
—

    명상은 흙탕물에서 깨끗한 물을 얻는 것과 같다. 흙탕물에서 깨끗한 물을 얻으려면 그저 가만히 기다려야 한다고 했다. 바른 자세로 편안하게 앉아서 숨을 천천히 들이마신다. 그리고 천천히 내쉰다. 전문가가 아니어도 누구나 할 수 있다. 가만히 눈을 감고 내 호흡에 집중하는 시간을 가진다.

 아침에 늦잠을 자고 일어나서 후다닥 옷을 입고 등교를 한 아이. 아침부터 엄마랑 실랑이를 벌이다가 온 아이. 오빠와 아침에 투닥투닥 말싸움을 하다가 온 아이. 지각을 할까봐 헐레벌떡 뛰어온 아이. 어젯밤에 숙제를 못 해서 걱정을 가득 안고 학교에 온 아이. 아침을 못 먹어서 가방 속에 있는 샌드위치가 자꾸 생각나는 아이. 괜찮다. 괜찮다. 다 괜찮다. 잠시 다 내려두고 차분하게 눈을 감는다. 클래식이나 애니메이션 피아노 연주곡 하나면 충분하다. 감미로운 음악과 함께 하루를 편안하게 시작한다.

 나는 종종 쉬는 시간이나 점심시간이 끝난 후에도 아이들과 함께 명상을 한다. 공부할 준비, 마음의 준비를 하는 것이다. 천천히 호흡을 들이마시고 내쉬고를 10번 반복한다. 그러면 꼭 장난을 치는 아이들이 있다. 후후후후 빠르게 호흡을 내뱉으면서 벌써 10번을 다 했다고 한다. 하지만 혼을 내진 않는다. 그저 나와 다른 아이들은 계속 명상에 집중할 뿐이다. 진정으로 명상을 즐기고 있다 보면 어느새 그 아이들도 명상 속에 들어와 있곤 한다.

『당신의 삶에 명상이 필요할 때』라는 책에서는 명상을 도로 옆 풀밭과 푸른 하늘에 비유했다. 도로 옆 풀밭에서 도로 위에 지나다니는 차들을 바라본다. 차들을 막으려고 도로 속에 뛰어드는 것이 아니라 가만히 그 차들을 바라보는 것이 명상이다. 보고 있으면 고요해지는 순간이 온다. 푸른 하늘도 마찬가지다. 먹구름이 잔뜩 낀 하늘을 상상해 보라. 우르르 쾅쾅 하는 소리와 함께 아무것도 보이지 않는다. 하지만 비행기가 그 구름을 뚫고 더 높은 곳으로 올라간다면? 언제 그랬냐는 듯이 푸른 하늘을 만날 수 있다. 그렇다. 하늘은 원래 푸르다. 잠시 구름이 하늘을 덮었을 뿐이다. 항상 그곳에 푸른 하늘이 있음을 기억하는 것이 명상이다.

매일 비움
—

　명상이 있는 교실은 비움이 있는 교실이다. 아이들의 머리와 마음을 복잡하게 만드는 것들을 명상으로 비워 내자. 나도 함께 명상하면서 내 마음도 비운다. 좋은 건 함께할수록 빛나는 법이니까. 자꾸 연습하다 보면 어느 순간 모두의 마음이 편안한 평화로운 교실이 찾아오지 않을까? 상상만 해도 좋다. 차분함이 가득한 교실. 누구 하나 화내지 않고 누구 하나 상처받지 않는 교실. 감정에 휩쓸리지 않고 배움에 집중하는 교실. 시간이 없으면 없을수록 명상을 해보자. 1분의 명상이 30분의 평화를 선물할 것이다.

정리 놀이 해볼까?
정리와 청소

"책상 정리 좀 해볼래?"

잠시 뒤, 다시 가보니 정리를 했다고 말하는 아이. 내 눈에는 정리한 모습이 보이지 않는다. "선생님, 저는 나름 정리를 했는데 이 정도면 깨끗하지 않나요?"

그 순간 깨달았다. '아, 내가 생각하는 정리와 아이가 생각하는 정리가 다르구나.' 그리고 그동안 아이들에게 정리 방법과 청소 방법을 구체적으로 알려준 적이 없었다는 것도 함께 깨달았다.

매일 비움

정리와 청소는 무엇이 다를까? 정리는 물건들을 한데 모으거나 치워서 질서 있는 상태가 되게 하는 것, 불필요한 것을 줄이거나 없애서 말끔하게 바로잡는 것을 말한다. 반면 청소는 더럽거나 어지러운 것을 쓸고 닦아서 깨끗하게 하는 것이다. 보통 정리와 청소는 동시에 일어나지만 정리가 잘된 곳은 청소하기가 쉽다. 그래서 순서로 따지자면 청소보다 정리를 먼저 하는 것이 편리하다.

아이와 함께하는 정리 방법을 소개해 보겠다. 어른 물건 정리 방법도 동일하니 참고하자.

첫째, 한곳으로 모은다. 아이 옷을 정리하기로 한 날이면 일단 아이의 봄, 여름, 가을, 겨울옷을 전부 꺼낸다. 박스나 서랍도 다 열어서 방 한가득 펼친다. 마음을 단단히 먹는다.

둘째, 대략적인 양을 정한다. 옷장 하나, 서랍 세 칸 등 목표로 하는 양을 정한다. 나의 경우에는 사계절 옷을 한 옷장에 전부 담는 것을 원칙으로 한다.

셋째, 분류한다. 이 단계만 지나면 거의 끝난다. 남길 옷, 버릴 옷, 기부할 옷(또는 망설여지는 옷) 세 갈래로 나눈다. 너무 고민하지 않고 빠르게 분류하는 것이 팁이다. 신나는 음악을 틀어 놓거나 10분, 30분 등 타이머를 설정해두고 하면 훨씬 재밌어진다.

넷째, 넣는다. 버릴 옷과 기부할 옷은 박스에 넣어서 현관 앞으로, 남길 옷은 차곡차곡 예쁘게 개어 옷장 속으로 가져간다. 왼쪽에서 오른쪽으로 갈수록 옷의 길이가 짧아지도록 건다. 무엇이든 수납은 세로로, 한눈에 잘 보이도록 하는 것이 핵심이다.

다섯째, 축하한다. 정리의 기쁨을 만끽한다. 정리된 옷장을 바라보며 뿌듯함을 즐기고 곧 집을 떠날 옷 박스들을 보면서 미안한 마음을 담아 인사도 한다. 그리고 다음 정리를 계획한다.

매일
비움
—

    이렇게 한 종류의 물건에 대한 정리가 끝나면 같은 방식으로 다른 물건들을 정리하면 된다. 하루는 책, 하루는 신발과 가방, 하루는 문구류 등 종류만 정해서 하루하루 정리하다 보면 어느새 한결 가벼워진 집의 모습을 발견할 수 있을 것이다. 어떤가. 당장 시작하고 싶지 않은가? 마음을 먹었을 때 일단 시작해 보자.

    다음은 청소 방법이다. 말 그대로 쓸고 닦는 것이 청소이다. 요즘에는 정말 편리한 청소 용품들이 많다. 나에게 딱 맞는 도구를 골라서 적절한 위치에 두자. 책상 옆에 물티슈, 거실 구석에 밀대 등. 자주 보이면 자주 쓰게 되어 있다. 아이와도 같이 상의하여 우리 집 대청소 날 또는 청소 시간을 정해서 꾸준히 실천해 보는 것을 추천한다. 반짝반짝 빛나는 집을 보면 누구나 기뻐하게 되어 있다. 청소의 힘을 믿고 한번 도전해 보자.

돈 없이도 행복하기
용돈

 한 어머니께서 연락이 오셨다. 2학년 아이에게 용돈을 주었는데 그 아이가 하루 만에 그 용돈을 다 써버린 것이다. 한국 돈으로 약 2만 원에 가까운 금액이었다. 2학년 아이에게는 제법 큰돈이었다. 알고 보니 자신의 간식을 구입하면서 옆에 있는 친구들의 간식까지 모두 다 결제를 해준 것이었다. 지금도 그 아이를 생각하면 흐

매일
비움
—

뭇한 미소가 지어진다. 친구들에게 자신이 가진 것을 나누면서 얼마나 기뻤을까? 하지만 어머님과 나는 이 문제를 조금 조심스럽게 다루어 보기로 했다.

그 다음날 나는 반 아이들과 함께 '돈'에 대한 이야기를 나누었다. 첫 번째 질문은 이것이었다. "여러분은 물건을 사기 위해 돈을 쓰나요? 돈이 있으니까 물건을 사나요?" 대부분의 아이들이 전자에 손을 들었다. 그렇다. 돈은 무언가를 하기 위한 수단이고 방법이다. 돈 자체가 목적이 되긴 어렵다. 다음으로 이어진 두 번째 질문. "오늘 여러분에게 만 원이 주어진다면 무엇을 하고 싶나요?" 다양한 답변들이 흘러나왔다. "똑같은 만 원이 주어져도 누군가는 그 만 원을 순식간에 아무 생각 없이 써버리고, 누군가는 정말 의미 있게 쓴답니다." 이렇게 말하니 아이들이 너도나도 "선생님, 저는 책을 살래요." "저는 돈을 모아서 제 악기를 사고 싶어요."라고 말하기 시작했다.

가만히 생각해 보니 나는 어린 시절 용돈을 받지 않았다. 돈이 크게 필요하다는 생각을 하지 않았던 것 같다. 농촌에서 자라서일까? 학교 앞 문방구에서 100원에서 200원 정도 하는 불량식품을 사먹는 것이 전부였다. 귀가 시간이 늦으셨던 부모님께서는 나와 동생들을 위해 항상 화장대 첫 번째 서랍에 돈을 넣어 두셨다. 언제든지 꺼내어 쓸 수 있었지만 우리는 그 돈을 함부로 사용하진 않았다. 돈이 항상 있다는 생각 덕분에 부족함을 느끼지 않았던 것 같다.

『더 해빙』이라는 책에서 말하는 Having도 이처럼 돈을 가지고 있음을 충분히 느끼는 것을 의미한다. 작가는 자신이 진정으로 원하는 것을 따라가다 보면 낭비나 과시적 소비와는 자연스럽게 멀어진다고 했다. 일명 마음 부자가 되는 것이다. 아이가 더 많은 용돈을 원한다면 그 아이에게 먼저 진지하게 물음을 던져 보자. '네가 정말로 원하는 것이 무엇이니?' '어떻게 도와줄까?' 가만히 아이의 눈을 바라보며 대화를 나누어 보자. 그럼 그 아이의 진짜 마음이 보일 것이다.

마음이 충만한 아이는 욕심을 부리지 않는다. 만족할 줄 안다. 이건 어른들도 어렵다. 돈을 쓰기 전에 몇 번이고 고민한다. '정말 필요한가?' '다른 물건으로 대체할 순 없는가?' '내 마음이 허락하는가?' 이렇게 질문을 던지고도 고개가 자신 있게 끄덕여진다면 망설임 없이 구입해도 된다. 반대로 고개가 조금이라도 갸우뚱거린다면 사지 않는 것이 좋다. 이때는 집으로 돌아가 물건들을 다시 정리해 보아야 한다. 돈은, 기쁘게 쓰일 때 빛난다.

기억하고 싶은 순간
사진

    2019년 10월을 기점으로 내 사진첩에는 항상 사진이 20장 이하로 들어 있다. 사진을 찍지 않는 것은 아니다. 매일 비운다. 매일 비우고 매일 새로운 사진을 채운다. 아이들 사진은 학급 SNS에 올리고 개인적인 사진은 블로그나 혼자 하는 '네이버 밴드'에 올린다. 이렇게 하니 더 이상 사진 때문에 머리 아플 일이 없다. 사진들을 바로바로 정리해 두니 찾기에도 쉽고, 정리 시간이 추가로 들지 않아서 좋다.

매일
비움
—

 나는 사진을 잘 찍고 싶은 사람이다. 이렇게도 찍어보고 저렇게도 찍어본다. 사진에는 찍는 사람의 시선이 담긴다는 말이 있다. 아이들 사진을 찍으면서 내 시선을 돌아본다. 교직생활 4년차까지 나는 반 전체 또는 모둠 전체 같이, 단체 사진을 주로 찍었다. 하지만 이제는 아이들의 표정과 손동작, 활동 하나하나에 초점을 옮겨 보려고 한다. 아이들의 꼬물거리는 입과 손을 보면 웃음이 난다. 어쩌다 순간 포착을 잘하면 멋진 사진이 탄생한다. 찰나의 순간을 담는 사진을 찍고 싶다.

얼마 전 사진을 다 옮겨 두었다고 생각하고 호주 여행 사진을 다 지웠다. 그런데 이게 웬일인가. 저장해 놓은 줄 알았던 사진이 다 날아가고 하나도 없는 것이었다. 순간 당황했지만 애써 침착함을 유지했다. '그래, 어쩔 수 없어. 조금이라도 기억날 때 글이라도 써 두자.' 이렇게 생각하며 나는 그 순간을 떠올리기 시작했다. 오히려 사진보다 더 생생하게 그 순간이 떠올랐다. '아, 사진이 없으니까 기억을 더 하게 되는구나.' 사진이 없다고, 사진이 사라졌다고 슬퍼하지 말자. 사진이 없을수록 우리는 그 추억을 더 오래 기억한다. 가장 소중한 순간을 사진이 아닌 마음속에 새긴다.

 사진에 얽매이지 않으려면 찍는 순간부터 신중해야 한다. 사진을 100장 찍어서 5장 골라내는 것보다 신중하게 찍은 10장 중에서 5장을 고르는 게 더 쉽다. 찍기 전부터 고민을 하자. 어떤 모습을 담을지, 이 사진을 찍는 목적은 무엇인지. 무엇이든 양이 많다고 좋은 건 없다. 프로필 사진도 딱 한 장이지 않은가. 잘 나온 사진 한 장이면 충분하다. 적게 찍고 소중하게 간직하자.

매 일
비 움
—

예전에 사용하던 필름 카메라를 떠올리면 쉽다. 필름이 딱 한 장 남았다면 당신은 하루 중 어떤 순간을 사진 속에 담고 싶은가?

찍기 쉽고 지우기 쉽다는 이유로 마구 찍었던 사진들. 추억 소환용으로 사진이 필요한 거라면 그 양이 많지 않아도 된다. 사진 정리, 폴더 정리, 일단 신경 쓰지 말자. 오늘 날짜로 폴더 하나를 만들어서 핸드폰 속 사진들을 모두 그곳으로 옮겨 보자. 그리고 새로 시작하는 것이다. 마치 새 폰이 생긴 것 같은 기분이 들 것이다. 배경화면도 새로 바꾸어 보고 필요 없는 애플리케이션도 다 지워 본다. 매일 바라보는 휴대폰 속이 여유로우면 내 마음도 여유로워진다.

일상 속에서
비움을 실천합니다

매 일
비 움

처음과 끝이 같도록
책상

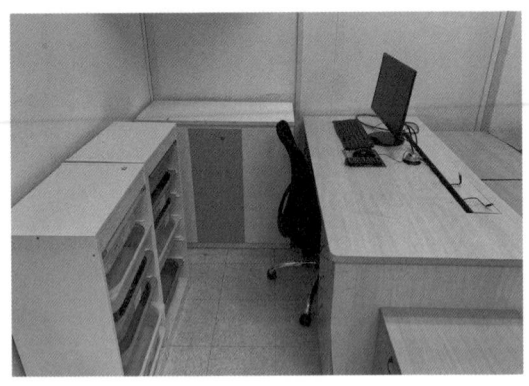

책상은 무엇을 위해 존재할까? 책상의 뜻을 찾아보니 '앉아서 책을 읽거나 글을 쓰거나 사무를 볼 때 앞에 놓고 쓰는 상'이다. 이러한 용도로 책상을 사용하기 위해서는 책상 위의 불필요한 물건들을 비워주는 것이 좋다.

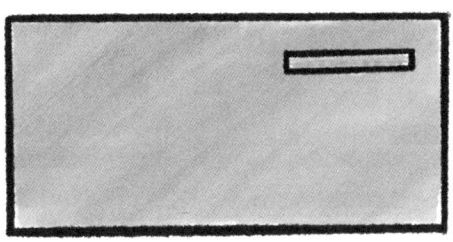

 식탁은 밥을 먹기 위한 공간이고 책상은 공부나 일을 하기 위한 공간이다. 물건들을 보관하는 장소가 아니다. 그러니 사용하지 않을 때는 비어 있는 것이 맞다. 일단 먼저 비우고 시작해 보자. 책상 위의 물건을 다 바닥으로 내린다. 그리고 반드시 필요한 것만 책상 위로 올린다. 고민이 된다면 잠시 보류하고, 고민이 되지 않는 것들만 올린다. 그리고 하루를 보낸다. 보류해 둔 것을 일주일 동안 사용하지 않았다면 과감히 비우자. 아마 대부분이 쓰이지 않았을 것이다. 무언가를 버릴지 말지 망설인다는 건 그 물건을 쓸 때도 망설인다는 증거다. 쓸 때 망설인다는 건 다른 방법이 있거나, 필요해도 내가 좋아하지 않는 물건일 확률이 높다.

매 일
비 움
―

    책상 위가 깨끗해졌으면, 이제 그 상태를 잘 유지하는 것이 중요하다. 가장 쉬운 방법은 출퇴근을 할 때의 책상 상태를 항상 똑같이 만드는 것이다. 깨끗한 상태를 사진을 찍듯이 기억해 두고 아침, 저녁으로 확인을 한다. 못 보던 물건이 생기면 즉시 치운다. 그리고 하나가 들어오면 반드시 하나를 비운다. 이렇게 매일 눈으로 확인한다. '나중에 해야지.'라는 생각이 드는 순간 그 '나중'을 '지금'으로 바꾸자.

    책상이 깨끗하면 매일 기분이 좋다. 상상해 보라. 매일 새 책상을 맞이하는 기분이 어떨지. 그 기분을 매일 느낄 수 있다. 퇴근을 할 때 오늘 하루도 수고했다고, 잘 쉬라고 책상 위를 한번 싹 닦아주는 것도 좋다. 그럼 그 다음 날 아침 반짝반짝 나를 반겨주는 책상을 만날 수 있다. 생각만 해도 좋지 않은가? 출근길이 한층 가벼워질 것이다.

    자, 그럼 하루를 시작하고 책상 위를 스쳐 가는 수많은 물건들을 생각해 보자. 많은 물건들이 다녀가겠지만 가장 중심에는 현재 내가 하고 있는 일이 있어야 한다. 이것도 하고 저것도 하다 보면 이것도 못 끝내고 저것도 못 끝낸다. 급할수록 하나하나 차근차근 처리해 보자.

안타깝지만 직장에서는 내가 하고 싶은 일부터 처리를 하다 보면 일이 더뎌지는 경우가 있다. 다른 사람들과 관련된 일일수록 빨리 처리해 주는 것이 좋다. 귀찮은 일은 미루고 싶은 법. 귀찮은 일일수록 중요한 일일 확률이 높다. 그러니 그냥 하기 싫은 일부터 처리한다고 생각하면 된다. 하기 싫고 어려운 일을 먼저 하면 쉬운 일들은 저절로 따라오게 된다.

매일
비움
―

이름을 불러주었더니
문구류

　　처음 발령을 받았을 때 나에게는 연필꽂이가 없었다. 그러던 어느 날 갑자기 내 책상 위에 돼지 연필꽂이가 하나 생겼다. 시간이 흐르자 또 다른 연필꽂이도 그 옆에 새로 뿅! 하고 나타났다. 어디서 가져온 건지, 누가 주인인지도 모르는 연필꽂이들과 함께 몇 년을 살았다. 처음에는 비어 있던 칸들이 하나둘 문구류로 채워지더니 이제는 공간마저 부족하다. 볼펜들을 요리조리 돌려서 공간을 만들어

본다. 잘 들어가지 않는다. 언제 이렇게 볼펜들이 늘어났을까? 나는 분명 돈을 주고 볼펜을 사지 않았는데….

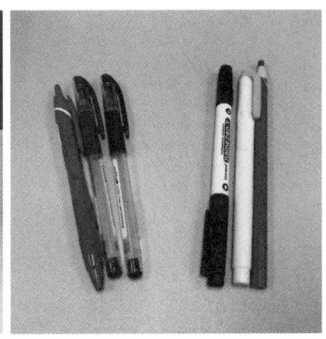

 새 학기가 시작하는 날, 나는 연필꽂이 통을 다 비웠다. 그리고 내가 자주 사용하는 필기구를 먼저 골랐다. 검은색, 빨간색, 파란색 볼펜과 채점용 빨강 색연필, 형광펜, 그리고 네임펜. 여섯 자루였다. 그리고 이 펜 하나하나에 요즘 아이들이 많이 쓰는 네임스티커를 붙이기 시작했다. 다른 문구류에도 같은 작업을 했다. 스티커 개수가 한정되어 있다 보니 자연스럽게 물건들을 고르게 되었다. 가위 하나, 풀 하나, 칼 하나, 수정테이프 하나. 어차피 가위나 칼은 잘 드는 것 하나만 있으면 된다. 자주 사용하는 것, 하나만 남기고 모두 연구실 또는 아이들에게 나눔을 했다. 이 외에는 클립, 집게, 압정, 포스트잇이 전부였다. 포스트잇을 제외하면 대부분 재사용이 가능한 물건들이어서 보관만 잘하면 오래도록 쓸 수 있다.

 물건에 이름을 붙이는 건 생명을 부여하는 것과 같다. 나의 소유물이라는 걸 보여주겠다는 마음보다는 작은 것 하나라도 소중히 하겠다는 마음을 담는다. 여기저기 굴러다니는 볼펜이 아닌 단 하나뿐인 볼펜으로 만들어 주는 것이다. 예전에 무심코 네임스티커를 붙여둔 볼펜이 하나 있었다. 연구실에 그 볼펜을 두고 나서 잃어버린 줄도 몰랐는데, 어느 날 옆 반 선생님께서 나에게 오시더니 '이 볼펜 선생님 것이지요? 내가 모르고 가져왔더라고요.' 하고 웃으시면서 그 볼펜을 나에게 건네주셨다. 그때 깨달았다. 이름을 붙여 두면 그 물건이 다시 나에게 되돌아온다는 것을. 물건과 나 사이에도 인연이 있다. 운명처럼 나에게 다가온 물건들을 누구보다 소중히 아껴주자.

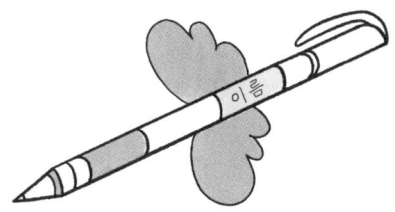

김춘수 시인의 「꽃」이라는 시가 떠오른다.

> "내가 그의 이름을 불러 주기 전에는 그는 다만 하나의 몸짓에 지나지 않았다. 내가 그의 이름을 불러 주었을 때 그는 나에게로 와서 꽃이 되었다."

누군가의 이름을 불러 준다는 것은 그만큼 의미 있는 일이다. 이제 내 옆의 소중한 물건들에게 하나하나 이름을 붙여주는 건 어떨까? 지금 당장 귀여운 네임스티커를 하나 장만하러 가자.

매일
비움
―

내 안에 넣으면 가볍다
서류

 '이 자료 정말 좋다! 나중에 꼭 봐야지!' '이것도 내용 정리가 너무 잘 되어 있네?' 하나둘 내 책꽂이에 쌓이는 자료들. 한 해 두 해 자료들은 줄지 않고 늘어나기만 한다. 각종 매뉴얼과 지침서, 연수나 강의 자료들. 정말 다음에 필요할 줄 알았다. 그 순간에는 그 필요한 순간이 반드시 나타날 줄 알았다. 하지만 재작년에도 작년에도 그 자료들이 필요한 날은 오지 않았다. 올해도 오지 않을 것이다. 왜냐하면 그 자료들을 대체할 수 있는 것들이 너무나도 많기 때문이다.

  단적인 예로 우리 반에 응급 상황이 발생했다고 해보자. 아이가 사물함 모서리에 머리를 부딪혀서 머리 뒤쪽에서 피가 나고 있다. 당신은 제일 먼저 무엇을 할 것인가? 응급 처치 매뉴얼을 펼쳐서 하나씩 읽고 차례대로 행동할 것인가? 그러면 이미 늦는다. 당장 중요한 건 응급 처치이다. 그 상황에서 매뉴얼을 읽고 있는 사람은 아무도 없을 것이다. 그렇기에 필요한 자료들을 책상 위에 쌓아 두는 것은 사실별 의미가 없다. 잘 숙지하여 내 머릿속에 넣어두는 것이 가장 좋다.

  그렇다면 어떻게 그 많은 자료들을 머릿속에 담을까? 우리가 자료들을 보관하는 또 다른 이유, 그것은 내용이 너무 많고 한번에 보기 힘들어서이기도 하다. 자료들을 효과적으로 기억하는 방법은 없을까? 그것은 바로 실천에 옮기는 것이다. 한번 써먹은 자료는 쉽게 잊히지 않는다. 무언가를 기억하고 싶다면 직접 해보자. 그럼 내 몸과 머리가 그것을 기억하게 된다. 예를 들어 놀이 연수를 들었다면, 곧바로 그 다음날 수업에 놀이를 적용해 보는 것이다. '다음에 해야지.'

'나중에 관련 주제가 나오면 해봐야지.' 하는 순간 그 연수는 점점 생명력을 잃는다. 따끈따끈 할 때 써먹는다고 생각하자. 따뜻할 때 먹는 음식이 맛있는 것처럼 말이다. '아끼다가 똥 된다.'라는 말을 들어 보았을 것이다. 그 많은 자료들 아끼다가 어디에 써먹을까?

또 한 가지 좋은 방법은 연수나 회의를 듣는 즉시 그 내용을 최대한 기억하려 해야 한다는 것이다. 모든 것을 다 암기하라는 뜻이 아니다. 나 역시 그렇게 머리가 좋은 편이 아니다. 다만 나는 그런 내용이 있었다는 것, 누군가가 그것을 회의 장소에서 설명했다는 것, 그리고 대략적인 내용과 상황을 기억하려 한다. 형광펜으로 밑줄을 긋거나 중요한 내용은 사진으로 찍어 둔다. 연수나 회의 중간 쉬는 시간에 옆 사람과 그 내용에 대해 이야기를 나누어 보는 것도 좋다. 함께 이야기를 나누면 기억에 오래 남는다.

Before ─────────────────────────────

After ─────────────────────────────

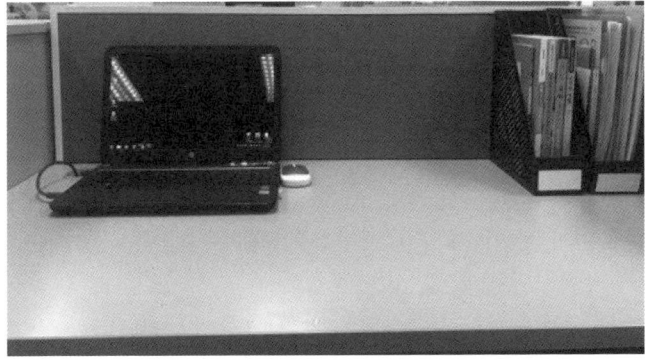

매일
비움
—

　이렇게 생각하면 지금 내 책상 위에 있는 자료들은 이미 죽은 자료들이다. 슬프지만 어쩔 수 없다. 미안하고 고마운 마음을 담아 종이 재활용 칸으로 보내자. 하루빨리 다른 자료로 재탄생해서 누군가에게 의미 있게 쓰일 수 있기를 바라면서 말이다. 내가 그 자료들을 계속 가지고 있는 것이 오히려 못할 짓이다. 지금이라도 떠나보내주자. 다 비우고 우리도 새로 시작하자. 지난 자료들을 아까워하지 말고 오늘 내가 배우는 것을 내일 바로 활용하면서 살아가자. 그럼 자료들은 날개를 펴고 우리 책상 위를 훨훨 날아다닐 것이다.

　그래도 혹시나 그 자료가 필요한 상황이 발생한다면? 방법은 많다. 그때 연수를 함께 들었던 사람들을 찾아가거나 연수 담당자에게서 자료 파일을 얻으면 된다. 사람들에게 도움을 요청하기가 힘들다면 자료 검색을 이용하자. 학교나 회사에서 쓰이는 자료들은 대부분 함께 쓰는 시스템에 공유되어 있다. 자료를 하나하나 펼쳐서 해당 내용을 찾는 것보다 검색이 훨씬 빠르다. 그렇게 했는데도 나오지 않는다면? 내 기억에 의존해 보자. 때로는 기억나는 내용을 바탕으로 변형해서 창의적으로 활용하는 것이 더 나은 결과를 낳기도 하니까.

자료

집에 있는 물건들도 마찬가지이다. 언젠가 쓰일 그날을 두고 우리는 얼마나 많은 물건들을 축적해 왔는가. 언젠가… 언젠가… 그날은 오지 않는다. 그리고 만약 그날이 온다면 그날은 그날 나름의 해결책이 있을 것이다. 지금 미리 일어나지도 않은 그날을 위해 물건들을 보관할 필요는 없다. 우리에겐 주변 사람들이 있고 아주 넓은 인터넷 세상이 있다. 물어보고 찾으면 다 방법이 있다. 그러니 걱정하지 말자. 실제로 다 비워봤는데, 아무 일도 일어나지 않았다. 궁금하다면 직접 해보자. 정말 신기하게도 세상은 똑같이 잘 굴러간다. 사라져서 큰일이 나는 물건들은 없다. 오히려 바뀌는 것이 있다면 후련한 내 마음뿐일 것이다.

매일
비움
—

줄이면 줄일수록 좋은 것
종이

한 반에 25명이 있는 교실을 떠올려 보자. 개인별로 안내장 1장, 활동지 1장을 배부한다면 우리는 하루만에 A4 용지 50장을 쓰게 된다. 일주일이면 250장, 한 달이면 1000장이다. 두 달에 큰 A4 한 박스를 쓰는 격이다. 그리고 여기에 각종 평가지 및 설문지 인쇄물까지 포함하면 1년 동안 한 교실에서 소비되는 종이들은 무수히 많다. 1년이 지나면 그 종이들은 어떻게 될까? 소중해서 원본을 간직하는 경우도 있겠지만, 대부분의 종이들은 한번 사용되고 나면 그대로 버려진다. 그럼에도 불구하고 우리에게는 종이가 필요하다. 어떻게 하면 좋을까?

첫째, 수업 중 활동은 가능하면 모두 교과서에 기록해 보자. A4로 뽑은 활동지들을 파일에 모아도 보고 교실에 게시도 해봤지만, 결국 짐만 될 뿐이었다. 교사 책상 구석과 열어보지 않는 아이들 파일 속에 점점 쌓이는 종이들. 소리 소문 없이 버려지는 종이들. 반드시 활동지가 필요하다면 자료를 A5 용지에, 또는 '2쪽 모아 찍기'로 인쇄한 A4 용지를 교과서에 붙여서 사용하자. 줄이 있는 큰 사이즈의 포스트잇도 꽤 유용하다. 공책 하나를 정해서 모으는 것도 좋다. 중요한 것은, 종이들이 분산되지 않도록 하는 것이다.

둘째, 미술활동은 하나의 스케치북에 모으자. 일종의 작품집이 된다. 한 학기 또는 한 학년이 지나고 나면 아이들의 작품을 한눈에 볼 수 있게 된다. 그림 실력이 성장하는 과정을 볼 수 있는 건 덤. 매번 8절 도화지를 주고 그림을 그리다 보면 나중에는 버리자니 아깝고, 가지자니 공간만 차지하는 골칫덩이가 된다. 그리기나 만들기 등의 미술 수업을 계획할 때는 반드시 수업이 끝난 뒤도 생각해보자. 낭비되는 재료는 없는지, 만들어진 작품은 어디에 어떻게 활용할 것인지 말이다.

셋째, 사진과 영상, SNS를 적극 활용해서 기록하자. 종이를 남기지 않는 유용한 방법이다. 수업 과정을 사진 또는 영상 속에 담아서 함께 공유하는 것이다. 요즘에는 네이버 밴드, 클래스팅, 구글 클래스 등 교사와 학생, 학부모가 소통할 수 있는 SNS가 활성화되고 있다. 이를 잘 활용하면 수업 기록도 할 수 있을 뿐만 아니라 교사에 대한 학부모의 신뢰도도 높일 수 있다. 또한 '학교종이' 사이트를 이용하면 종이 안내장의 낭비도 줄일 수 있다. 사진과 영상은 과정 중심 평가에도 유용하다. 자연스럽게 수업 참여 과정을 담을 수 있고, 누적하여 기록하기가 쉽기 때문이다.

이외에도 종이를 절약할 수 있는 방법은 다양하다. 실제로 나는 책상 정리를 시작하고 엄청난 양의 종이를 버렸다. 커다란 종이 뭉치가 세 뭉치나 나왔다. 많은 종이를 낭비했다는 생각에 마음이 아팠다. 동시에 앞으로는 종이를 꼭 필요한 순간에만 사용하기로 다짐했다.

요즘에는 인쇄 버튼을 누르기 전에 충분히 고민을 한다. 반드시 인쇄를 해야 하는지, 인쇄 설정이 잘못되어 있진 않은지, 한번에 너무 많은 양을 인쇄하는 건 아닌지 말이다. 우리는 언제 어디서든 종이를 사용한다. 카드 영수증마저 종이이다. 소중한 종이를 앞으로도 계속 사용하고 싶다면 조금만 속도를 줄여 보자. 무엇이든 천천히 오래 쓸수록 더 빛나는 법이니까.

매일
비움
—

푸른 바다를 유유히
컴퓨터

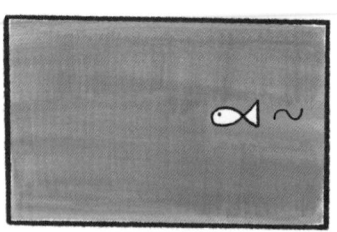

내 컴퓨터 배경화면은 항상 텅 비어 있다. 누군가 내 화면을 보면 일이 없는 사람이라고 생각할지도 모른다. 나도 처음에는 배경화면에 파일을 많이 늘어놨다. 그러나 해를 거듭할수록 배경화면에 있는 파일들을 정리하고 싶다는 생각이 강해졌다. 그래서 2019년부터는 텅 빈 배경화면으로 학교생활을 한다.

배경화면 정리 방법은 책상 정리 방법과 같다. 배경화면에도 가능하면 현재만 두려고 한다. 나는 아래의 일러스트처럼 컴퓨터 배경화면을 사용한다.

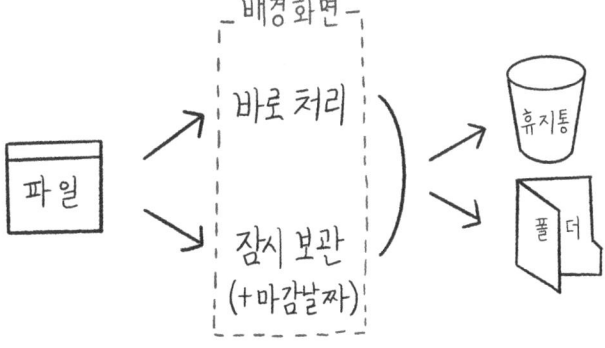

매일
비움
—

첫째, 배경화면에는 작년 폴더 하나와 올해 폴더 하나만 둔다. 폴더 안에는 보관해야 할 파일들이 들어간다. 메신저가 뜨면 첨부파일을 연다. 바로 처리할 수 있는 것들은 화면 아래 작업 표시줄에 띄워 두었다가 그날 바로 처리한다. 다 처리한 문서들은 휴지통에 바로 버리거나 폴더 속에 보관한다. 폴더 속 정리 방법은 뒤에서 더 자세히 설명하겠다.

둘째, 아직 기간이 남은 파일들은 배경화면에 마감 날짜와 함께 저장해둔다. 예를 들어 학습준비물 목록을 9월 5일까지 완료해달라는 요청이 들어왔다면 파일명을 '학습준비물(~09.05.)'과 같이 변경한다. 마감 날짜를 같이 적어 두면 마감 기한을 잘 지킬 수 있다. 또한 깨끗한 배경화면에 옥의 티처럼 파일이 존재하기 때문에 어서 처리하고 싶은 마음이 든다.

셋째, 자주 쓰는 파일은 한쪽 구석에 둔다. 배경화면을 무조건 텅텅 비우라는 것은 아니다. 학생 관찰일지나 체크리스트를 자주 쓴다면 한쪽 구석에 두어도 좋다. 나는 학교 마크를 자주 이용하는 편이어서 배경화면 오른쪽 아래에 학교 마크 이미지 파일을 저장해 두었다. 평소 매일 사용하는 파일이 있다면 편리하게 사용할 수 있도록 배경화면에 두도록 하자.

이 외에도 한 가지 팁을 더 주자면 메신저로 전달 받은 파일이 자동으로 저장되는 폴더를 배경화면에 바로 두는 것을 추천한다. '내 컴퓨터'를 열고 오른쪽 상단에서 메신저 이름을 검색하면 찾을 수 있다. 그 폴더에 커서를 두고 마우스 오른쪽 버튼을 클릭하면 '바로가기 만들기'가 뜨는데, 그것을 클릭하면 된다. 이렇게 해당 폴더에 바로갈 수 있도록 연결해두면 언제든 쉽게 필요한 파일들을 구할 수 있다.

그렇다면 폴더 속은 어떻게 정리하면 좋을까? 3년간 시행착오를 겪어본 결과 현재 나의 폴더 속 모습은 다음과 같다. 폴더명들을 참고해서 자신에게 맞는 폴더 분류를 만들어 나가길 바란다.

개인	00.양귀란
학급	01.교실 02.주간학습안내 03.교육과정 04.나이스 05.평가
업무	06.업무(공개수업) 07.업무(홍보자료) 08.업무(동아리활동) 09.업무(과학실)
그 외	10.수업자료 11.참고자료

처음 폴더만 잘 분류해 두면 사용하기에 참 편리하다. 나의 일상생활 및 업무에 따라 폴더를 구분하자. 파일명은 언제든지 수정할 수 있으니 걱정하지 말자. 반복해서 하다 보면 해당 파일을 폴더 안에 쏙쏙 넣는 재미도 느낄 수 있을 것이다. 너무 많은 양을 한꺼번에 정리하기가 막막하다면 일단 배경화면에 새 폴더를 하나 만들자. 그리고 모든 파일들을 한 폴더 안으로 다 넣자. 그런 다음 오늘부터 새롭게 폴더 정리를 시작하면 된다.

배경화면 위의 파일들을 폴더 속으로 다 넣으면 감춰져 있던 배경화면의 진짜 모습이 드러난다. 먹구름 속에 가려져서 보이지 않았던 푸른 하늘이 보인다고 해야 할까? 배경화면은 원래 푸르다. 배경화면은 잘못이 없다. 묵묵히 그 자리에 있었다. 이제는 그 화면의 진짜 모습을 찾아줄 때이다. 진짜 모습을 찾아주고 나면 내가 좋아하는 사진으로 화면을 바꾸어 보고 싶다는 생각이 들지도 모른다. 따뜻하고 편안한 배경화면은 따뜻하고 편안한 하루를 선물한다. 내가 만들고 싶은 하루를 나의 배경화면 속에 담아 보자.

매일
비움
—

없으면 안 쓴다
USB

　　나는 USB나 외장하드를 사용하지 않는다. 요즘에는 용량이 매우 큰 제품들이 많이 나온다. 용량이 크면 많은 정보들을 간직할 수 있다는 장점도 있지만 그만큼 지나치게 채우게 된다는 단점도 있다. 이는 큰 수납장을 구입하는 것과 마찬가지다. 수납장이 크면 물건을 더 채우듯이 USB도 용량이 크면 그만큼 많은 정보들을 다 저장하게 된다. 반대로 USB의 용량이 적거나 USB가 없다면? 우리는 그렇게 많은 정보를 저장하지 않아도 된다.

하지만 내가 USB를 없앤 진짜 이유는 '잘 잃어버려서'이다. 공개수업 지도안과 수업 자료를 저장해 두었는데, USB를 가져오지 않았다면 정말 큰일이 난다. 안절부절 하루종일 정신이 없다. 또 크기는 어찌나 작은지…. 눈에 잘 보이지도 않는다. 그렇게 몇 번이나 잃어버린 USB를 찾는 경험을 한 뒤로는 이메일 기능 중 '내게 쓰기' 기능을 활용한다. 인터넷 공간을 내 USB로 사용하는 것이다. 제목만 잘 적어두면 언제든지 다시 검색할 수 있기에 참 유용하다. 네이버 마이박스나 구글 드라이브를 이용하는 것도 한 방법이다.

USB를 없애도 학교생활이 가능할까? 가능하다. 약 5년 동안 USB 없이 학교생활을 했지만 아무런 문제가 없었다. 앞서 말했듯이 나는 배경화면에 작년 폴더 하나와 올해 폴더 하나만을 두고 살아간다. 그 두 폴더로 충분하다. 재작년 파일을 사용하는 경우는 없었기에 선택한 방법이다. 새로운 자료들은 넘쳐난다. 다양한 수업 활동들을 적용해 보기에도 바쁘다. 매년 사용하는 좋은 자료들은 작년 폴더에 넣어둔다. 작년 폴더에서 한번 꺼내어 쓴 자료는 올해 폴더로 옮겨서 보관한다. 그러면 내년에도 같은 자료를 다시 사용할 수 있다.

매일
비움
―

    매년 초 우리는 새 컴퓨터를 받는다. 그리고 보통 1년이 지나면 다른 사람에게 그 컴퓨터를 다시 넘겨주어야 한다. 매년 말, 컴퓨터를 정리해야 할 시점이 오면 '이 파일들 언제 다 정리하지?' 하는 생각에 막막하여 정리를 자꾸 미루었던 경험이 떠오른다. 학교에서 컴퓨터 점검이 있다고 컴퓨터 속 파일을 다 다른 곳으로 옮겨 달라고 했을 때도 마찬가지였다. 어디서부터 어떻게 손을 대야 할지 몰라 한숨부터 나왔다. 그 순간에는 외장하드를 가지고 있는 분들이 부럽기도 했다. 하지만 폴더 하나를 네이버 마이박스(또는 구글 드라이브)에 쏙 넣은 다음부터는 마음이 편안해졌다. 그렇게 매년 나는 폴더 하나만 쏙 넣었다 빼는 것으로 컴퓨터를 바꿀 수 있었다. 폴더만 이동시키면 그 컴퓨터는 내 컴퓨터가 되었다.

    분명 걱정부터 밀려오는 분들도 있을 것이다. '그래도 혹시 필요하지 않을까요?' '2년 전 자료도 필요한 순간이 있던데요?' '자료가 많으면 수업이 더 풍부해지지 않을까요?' 그렇다. 다 좋다. 하지만 우리는 혼자가 아니다. 아이스크림(i-scream)이 있고 인디스쿨(indischool)이 있고 동료 교사들이 있다. 그리고 방대한 자료들이 넘쳐나는 사이버 공간, 각종 동영상 자료를 얻을 수 있는 유튜브,

그리고 우리의 영원한 동반자 NEIS(업무포털시스템)까지 있다. NEIS에는 수많은 전자결제 문서들이 보관되어 있어서 검색만 하면 필요한 문서들을 언제든지 얻을 수 있다. 업무파일을 따로 보관하지 않아도 되는 이유이다. 걱정하지 말자. 자료는 다 나온다. 심지어 자료가 없더라도 우리는 업무를 순탄하게 잘 해낼 수 있다. 나를 믿고 남을 믿자. 우리는 전문가다.

매일
비움

사람 냄새 나는 쪽지
메신저

하루에도 수십 개씩 드나드는 쪽지. 그 쪽지들의 주인은 누굴까? 그들의 주인은 받는 사람이다. 업무 메신저는 '받는 사람이 내용을 명확하게 이해하는 것'에 목적을 둔다. 내용이 둘 사이에 오해를 불러일으켰다면 그건 잘못된 쪽지이다. 필요한 것만 꼭꼭 담으면서 정확하고 효과적으로 전달할 수 있는 방법을 고민해 보자. 보내는 사람이 조금만 더 생각하면 받는 사람을 배려할 수 있다.

첫째, 상대에게서 원하는 것이 무엇인가. '준비물 목록을 금요일 3시까지 제출해달라. 참여자 수가 몇 명인지 알려달라. 계획서를 확인하고 무엇을 준비해달라. 언제까지 어디로 와달라.' 돌려서 말하지 말고 곧바로 직진해라. 단, 친절하고 상냥하게. 상대에게 미안하고, 상대를 배려한다는 이유로 빙빙 돌려서 말하지 말자. 오히려 돌려 말할수록 상대의 시간을 빼앗게 된다.

둘째, 효과적으로 전달할 수 있는 장치를 선택하라. 어떻게 하면 더 분명하게 전달할 수 있을까? 상대가 어떻게 해야 편할지를 생각해 보면 쉽다. 수많은 쪽지를 받아보았을 것이다. 그중에서 기분이 좋았던 쪽지를 떠올려 보자. 그런 쪽지들을 흉내내면 된다. 숫자, 그림, 색깔 강조, 진하기, 기울기 등 적절한 효과는 쪽지를 빛나게 한다. 잘 포장된 선물을 받으면 기분이 좋은 것처럼 말이다.

셋째, 한눈에 들어오는 쪽지가 좋다. 아무리 친절해도 긴 쪽지는 읽기 싫다. 바쁜 일과 속에서 쪽지를 하나하나 읽으며 감성에 젖기엔 시간이 부족하다. 그러니 중요한 내용이 바로 보이도록 줄이고 또 줄이자. 줄이려고 생각하면 줄어든다. 불필요한 것들을 제거하면 필요한 것들이 남는다. 큰 돌을 조각하면 멋진 작품이 탄생하듯.

넷째, 답장에서도 상대를 배려하자. '네, 알겠습니다.'도 좋지만 '네, 수요일 오후 3시까지 보내드리겠습니다.'가 더 분명하다. 물론 단순히 내용을 전달하는 쪽지는 감사, 칭찬 등으로 가볍게 마무리할 수 있지만 상대방이 나에게 특정 자료나 정보를 요구한 경우에는 내가 생각하고 있는 마감 기한을 알려 주자. 나는 '이번 주까지 보내 줘야지.'라고 생각하지만 상대는 '내일까지는 주겠지?'라고 생각할 수 있다. 여기에서 오해가 생긴다. 작은 배려로 신뢰를 쌓아가자.

하루에도 수십 번 오가는 쪽지들. 쪽지에서는 사람 냄새가 난다. 나는 어떤 향기를 지닌 사람인가. 이왕 풍기는 향기, 가볍고 은은한 향기를 풍겨 보자. 숨이 턱 막히는 향기가 아닌 은은하게 스며드는, 그러나 '아, 꽃이구나!' 깨닫게 해주는, 그런 쪽지. 나는 그런 쪽지가 좋다.

유난히 복에 겨울 때
업무

지금 맡은 일이 버거운가? 내 업무가 유독 다른 사람들보다 더 많은 것 같은가? 도대체 왜 이런 업무가 나에게 왔을까? 하늘도 탓해 보고 나를 탓해 보기도 한다. 허허실실 웃음이 난다. 하지만 실망하지 말자. 다 이유가 있다. 지금 하늘은 우리에게 힌트를 주고 있다.

매 일
비 움

힘든 일을 주신다는 건 내가 그만한 능력을 가지고 있음을 의미한다. 발휘되지 않았거나 발휘된 능력이 있기에 그 일이 나에게로 왔다. 우리의 뇌와 몸은 쓰는 만큼 능력치가 올라간다. 자신의 한계를 조금씩 깨자. 근육을 만들려면 근육을 찢어야 하듯이 우리의 능력을 키우기 위해서는 힘든 일이 반드시 필요하다. 편안한 일은 나를 안주하게 만든다. 새로운 일, 어려운 일이 주어지면 기뻐하며 감사히 받아들이자. 그리고 그 일을 내가 성장할 수 있는 기회로 삼자.

또한 어렵고 큰 업무를 맡으면 다른 사람들에게 베풀 기회가 많아진다. 우리는 나누기 위해 태어난 존재이다. 나누면서 삶의 기쁨을 얻는다. 하나의 큰 업무를 내가 맡음으로써 나에게 도움을 받을 사람들이 많아진다. 또한 그 사람들도 나에게 고마워할 것이다. 학교나 회사에서 꼭 필요한 사람이 될 수 있다. 내가 조금만 더 생각하고 배려하면 많은 사람들이 업무를 즐겁게 수행할 수 있다. 하나를 하더라도 무엇이든 쉽고 재미있게 진행할 수 있는 방법을 고민하자. 그것이 나를 돕고 남을 돕는 길이다.

왜 우리는 같은 근무 시간 동안 다른 사람보다 더 많은 일을 해야 하는가? 이렇게 생각하면 골치가 아프다. 비교하는 마음을 내려놓고 그 시간에 어떻게 하면 더 효율적으로 업무를 수행할 수 있는지를 고민하자. 흩어져 있는 업무들을 모으고 갈라보자. 비슷한 종류의 업무들을 모아서 한 덩어리를 만들고 그 덩어리들을 근무시간 중에 적절히 배치하는 것이다. 1장에서 말한 것처럼 사이사이 비움 시간도 만든다. 내가 좋아하는 방식대로, 나만의 근무 시간표를 만들어 보자.

『나는 4시간만 일한다』라는 책에는 이런 말이 나온다. 의미 없는 일을 덜 함으로써 당신이 개인적으로 훨씬 더 중요한 일에 집중할 수 있다면, 일을 덜 하는 것은 게으른 것이 아니라고. 또한 중요하지 않은 일을 잘한다고 해서 그 일이 중요해지는 것도 아니며, 많은 시간이 들어가는 일이라고 해서 그 일이 중요한 일이 되는 것도 아니라고 했다. 모두가 잘 알고 있듯이 선택과 집중이 필요하다. 필요한 일은 하고 필요 없는 일은 과감히 비우자. 우리는 하루 4시간, 아니 2시간만 투자해도 오늘 내가 해야 할 일들을 모두 다 끝낼 수 있다. 우리에게는 그런 능력이 충분히 있다.

아무리 많은 것들이 나를 방해해도 퇴근 시간이 되면 후련하게 그 자리를 떠나자. 마법이 풀리면 우리는 더 이상 일을 할 수가 없다. 유리구두도 벗겨지고 드레스도 사라진다. 이왕 떠나는 거 〈겨울왕국〉의 '엘사'처럼 멋있게 고개를 휙 돌리며 당당하게 그 자리를 뜨자. 당신은 충분히 그럴 자격이 있다.

나의 단짝 친구
달력

　　언제부터 달력을 좋아하게 되었을까? 나는 고등학교 1학년 때부터 일주일 공부계획표를 작성해주는 학원을 다녔다. 학원 선생님과 다양한 문제집들을 쌓아 두고 일주일 단위, 하루 단위로 공부 분량을 나누었다. 그리고 야간자율학습 시간마다 그 계획표를 눈앞에 붙여 두고 하나씩 체크를 하면서 공부했다. 그리고 일주일이 지난 뒤에는 다시 학원 선생님과 함께 앉아서 그 주를 점검했다. 약 3년 동안 이 작업을 지속했다.

물론 같은 학원 친구들 중에는 이 방법을 지독하게 싫어하는 친구도 있었다. 나 또한 학원 선생님과 마주 앉는 그 시간을 피하고 싶은 순간이 있었다. 하지만 나에게는 이 방법이 나름 잘 맞았고, 언제부터인가 자연스럽게 습관이 되었다. 시험공부나 무언가를 시작할 때마다 흰 종이를 꺼내서 자를 대고 펜으로 슥슥, 달력을 그렸다 (부록 04 참고).

그때부터 달력은 언제나 나와 함께하는 친구가 되었다. 직장에서는 탁상 달력을 이용한다. 예쁘고 화려한 달력보다 메모 공간이 충분한, 심플한 달력이 좋다. 학교를 예로 들어보자면, 굵직굵직한 학사일정들을 먼저 기록해 둔다. 적으면서 1년의 흐름을 살핀다. 그리고 그때그때 일정이 추가될 때마다 누적해서 기록한다. 한쪽 귀퉁이에는 자주 쓰이는 업무용 아이디와 패스워드, 와이파이 비밀번호 등을 메모해 둔다.

개인적인 것들은 핸드폰(네이버 캘린더 애플리케이션) 달력을 이용한다. 심플한 틀 안에 간단한 메모와 귀여운 이모티콘을 넣을 수 있어서 한눈에 잘 들어온다. 개인적인 약속이나 계획을 적어둔다. 틈이 날 때마다 꺼내어 본다. 약속을 잡기 전에는 달력부터 먼저 확인하고, 가능하면 일정을 여유롭게 잡으려고 한다. 그렇게 해야 상대도 나도 편안하게 그 시간을 온전히 즐길 수 있기 때문이다.

 자격증 공부 계획, 언어 공부 계획, 여행 계획을 작성할 때도 달력은 등장한다. 일단 펼치고 적는다. 큰 틀을 먼저 정하고 세부적인 내용을 작성한다. 3주면 3주, 한 달이면 한 달, 큰 덩어리를 일주일 단위로, 하루 단위로 자른다. 여기서 주의할 점은 절대 무리하게 계획하면 안 된다는 것이다. 부담스럽지 않게 할 수 있는 만큼을 계획하고 계획한 것은 반드시 실천한다. 목표는 크게, 하루는 가볍게 계획하는 것이 핵심이다. 하나씩 색칠해나가는 재미는 덤이다. 이렇게 계속 해나가다 보면 목표는 언젠가 이루어진다. 그걸 알기에 그저 하루하루에 충실하게 된다.

 나는 달력과 친구가 되면서 걱정이 사라졌다. 오늘을 살면 목표가

매일
비움
―

한 걸음씩 나에게 다가온다. 내일 것을 미리 할 필요도 없고 어제 못한 것을 후회할 필요도 없다. 못한 것은 주말에 보충하거나 다음 계획에 반영한다. 오늘은 오늘 것만 생각한다. 지금 당장 머릿속에 떠오르는 것이 있는가? 달력을 펼쳐라. 그리고 조각을 나누어라. 더도 말고 덜도 말고 오늘 하루는 딱 한 조각씩만 먹는 것이다. 시작만 하면 금방 달력 한 판을 뚝딱 다 먹어치울 수 있다.

힘들수록 뿌리 다지기
관계

 눈빛만 봐도 통하는 사이, 또는 숨만 쉬어도 어색한 사이. 그런 사이? 있다. 학교라고 회사라고 왜 없겠는가. 모든 사람들이 우리를 좋아할 수는 없다. 그러니 내려놓자. 힘을 쓰면 쓸수록 그 관계는 어긋날 뿐이다. 명리학과 심리학을 접목한 『명리심리학』 책에서는 이렇게 말한다. 사람들마다 물, 불, 나무 등 가지고 태어나는 오행의 기운이 있으며 그 기운이 맞지 않으면 만남이 잘 이루어지지 않을 수 있다고. 그러니 크게 힘들어하지 말자. 그저 그 사람과 나는 기운이 맞지 않을 뿐이니까.

내가 처음 싱가포르에 왔을 때 순탄하지만은 않았다. 아는 사람이 아무도 없는 새로운 환경에서 모든 것을 새로 시작해야 했다. 관계 맺기가 이렇게 어려웠을 줄이야. 흔들리는 상황들이 생길 때마다 나는 오히려 주어진 일에 충실하려고 했다. 방향을 내 안으로 돌린 것이다. 화살표의 방향을 내 자신에게로 돌리자 내면이 조금씩 단단해지기 시작했다.

아버지께서는 항상 말씀하셨다. '애들한테 잘해라. 애들한테 잘해라. 다 귀한 자식들이다.' 그 말씀을 되뇌며 힘이 들면 들수록 에너지를 아이들에게 쏟았다. 그렇게 하니 차가운 마음이 하나 둘 녹고 나를 응원해주는 분들이 생기기 시작했다. 정말 감동이었다. 든든하게 나를 믿어주는 존재들이 있다는 것만으로도 큰 힘이 된다는 것을 새삼 깨달았다.

한국에 있었을 때 나는 내 주변의 좋은 사람들을 당연하게 여겼던 것 같다. 이곳에 와 보니 그건 당연한 것이 아니었다. 정말 큰 복이고 행운이었다. 그러니 내 곁에 좋은 사람들이 많다면 지금이라도 충분히 표현하고 감사하며 살아가자. 소중한 사람일수록 자주 만나고 안부를 묻자.

우리는 살아가면서 수많은 선택의 기로에 선다. 그럴 때마다 주변에서 이런 말, 저런 말이 들려온다. 이 사람 말도 맞고 저 사람 말도 맞다. 하지만 선택은 내가 한다. 만약 내 마음이 끌리지 않았는데 주변에 휩쓸려 결정을 내렸다면 그 책임은 누가 질까? 온전히 내가 지게 된다. 어차피 내가 책임질 일이라면 내 마음이 이끄는 대로 결정을 내리자. 설사 그 결과가 잘못된다고 할지라도 적어도 내 마음에겐 위로를 받을 수 있다.

매일
비움
―

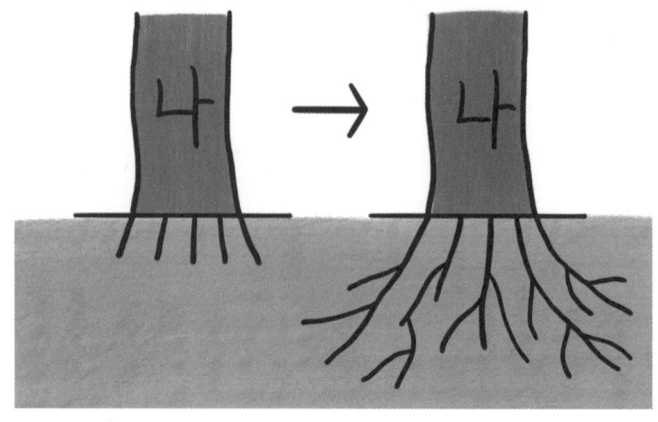

    요즘 나는 내 마음에 충실한 삶을 살아가려고 한다. 나 자신에게 물었을 때 그것이 옳은 일이라면 계속 묵묵히 밀고 나가는 것이 옳다. 물론 얽히고설킨 관계 속에서 내 마음에 따르는 일을 실천하기란 쉽지 않다.

    그렇지만 이렇게 생각하면 어떨까. 흔들리는 꽃도 그 줄기 아래 뿌리가 있다. 뿌리를 튼튼하게 할수록 그 꽃은 잘 자라게 된다. 뿌리로 뻗어 나가서 외관인 꽃이 아닌, 뿌리로 나를 알게 하자. 그럼 우리는 어느새 튼튼하고 좋은 뿌리들과 연결되어 있을 것이다.

내 삶을 비움으로
다시 채웁니다

매일
비움
—

나에게 부끄럽지 않은
하루

'죽는 날까지 하늘을 우러러 한 점 부끄럼이 없기를' 윤동주 시인의 「서시」 첫 구절이다. 어떻게 하면 하늘 아래 한 점 부끄럼 없는 삶을 살아갈 수 있을까? 나는 항상 이 말을 떠올린다. 하늘에게 떳떳하고 나에게 떳떳한 삶. 내 삶이 부끄럽지 않으려면 오늘 하루가 부끄럽지 않아야 한다. 완벽할 순 없겠지만 이 마음으로 살아가다 보면 언젠가 하늘이 나를 알아주지 않을까?

 또 하나 떠오르는 명언이 있다. '오늘 내가 헛되이 보낸 하루는 어제 죽은 이가 그토록 살고 싶어 했던 내일이다.' 나에게 주어지는 오늘은 내 것인 것 같지만 한편으론 내 것이 아니다. 어쩌면 우리는 다른 사람의 삶을 대신 살아가고 있는지도 모른다. 이렇게 생각하면 단 하루도 헛되이 보낼 수가 없다. 얼마나 소중한 하루인가. 나로 하여금 다른 사람에게 작은 도움이 된다면 그것만큼 기쁜 일이 또 있을까.

 오늘 하루를 기록하고 되돌아보고 또 다가오는 하루를 준비하는 프로젝트가 있다. 일명 '하꾸비' 프로젝트. '하꾸비'는 '하루를 꾸준히 매일 비움 — 기록하며 비운다'의 줄임말이다. '하이미니'와 더불어 내가 진행하고 있는 또 하나의 프로젝트이다. 우리는 기록을 통해 하루를 비우고 채운다. 각자의 하루 속에 담고 싶은 작은 행동들을 차곡차곡 담는다. 불필요한 것들은 비워 내고 소중한 것에 집중한다. 소중한 줄 알면서도 놓쳤던 것들을 내 하루, 내 삶 속으로 가져온다.

요즘 나의 7가지 습관 목록에는 다음과 같은 것들이 있다. 6시 기상하기, 5분 동안 영어로 말하기, 중국어 하루에 한 문장 공부하기, 하루에 한 장 독서하기, 바른 자세 유지하기 등. 함께하는 다른 분들의 습관 목록이 궁금하다면 저자 소개에 있는 카페에 들러 보는 것도 좋다. 분명 좋은 아이디어를 얻어갈 수 있을 것이다.

당신의 하루 속에 담고 싶은 7가지는 무엇인가? 우리가 챙겨야 할 소중한 것들은 배움, 건강, 사랑처럼 눈에 보이지 않는 것들이 대부분이다. 이처럼 우리 삶에 꼭 필요한 것들을 하루 속에 담는다. 신호등 지키기, 경청하기 등 소소한 습관들을 넣기도 한다. 부담이 되지 않는 선에서 내 나름의 균형을 찾아간다. 하루의 균형을 잘 잡아가다 보면 내 삶도 내가 원하는, 바른 방향으로 흘러가지 않을까?

나는 내 하루가 참 좋다. 매일 주어지는 하루 덕분에 웃으며 살아간다. 힘든 일, 슬픈 일, 괴로운 일도 있지만 하루를 마치고 눈을 감는 순간 마음속으로 되뇌인다. 오늘 하루도 잘 살았다고. 그리고 내일이면 다 잊어버릴 거라고. 그리곤 편안하게 잠을 청한다. 새로운 하루가 시작되면 그 하루는 말끔하고, 티 없이 맑은 새 하루다. 부디 이 예쁜 하루를 아끼며 살아가길 바란다.

매일
비움
—

나 하나 꽃피어
사람

오드리 햅번 같은 사람이 되고 싶다. 내면과 외면의 아름다움을 동시에 지닌 사람. 50살, 60살이 된 나의 모습을 떠올려 본다. 온화한 미소와 따뜻한 마음을 가진 사람이었으면. 주변 사람들에게 항상 나누며 살아가는 사람이었으면. 동시에 다가가기에 편한 사람이면 좋겠다. 언제든 다른 사람들이 나에게 손을 내밀 수 있도록.

나는 어떤 수식어가 어울리는 사람일까? 나의 이미지는 내가 만든다. 나의 말과 행동들이 모여 우리를 만든다. 한번에 만들 수는 없다. 차곡차곡 천천히 쌓아올려야 한다. 긍정적인 사람이 되고 싶다면 매일 긍정적인 생각과 행동을 해야 한다. 평소에 잘 웃지 않는데 내일 당장 미소가 예쁜 사람이 될 수 없는 것처럼 말이다. 이것도 연습이다. 어렵게 느껴진다면 내가 닮고 싶은 사람을 찾아서 그 사람의 말과 행동을 모방해 보자. 누군가를 닮아간다는 건 참 기분 좋은 일이다.

매일
비움
—

  2020년 5월, 『더 해빙』이라는 책을 읽고 '이서윤'이라는 롤모델이 생겼다. 우아하면서도 당당한 그녀. 그리고 무엇보다 함께하는 모든 사람들을 귀한 사람으로 만들어주는 그녀. 커피를 마시며 항상 은은한 미소를 지을 수 있는 그녀가 부럽다. 그래서 요즘에는 항상 그녀처럼 편안한 마음을 유지하려고 노력한다.

  내가 되고 싶은 사람은 곧 나의 브랜드다. '나'라는 한 사람이 브랜드가 되는 세상. 우리는 모두 특별하다. 같은 사람이 없다는 건 모두가 특별하다는 증거이다. 예쁘지 않은 꽃은 없다. 조동화 시인의 〈나 하나 꽃피어〉라는 시에 나오는 구절을 나누어 본다.

> '나 하나 꽃피어 풀밭이 달라지겠냐고 말하지 말아라. 네가 꽃피고 나도 꽃피면 결국 풀밭이 온통 꽃밭이 되는 것 아니겠느냐.'

나부터 꽃을 피우다 보면 언젠가 세상이 온통 꽃밭이 될 거라 믿는다. 우리가 먼저 꽃이 되자.

  나는 기본적으로 모든 사람들을 '좋은 사람'이라고 생각한다. 이렇게 생각해서 상처 받는 경우도 있지만 그보다 좋은 일들이 더 많이 생긴다. 내가 좋게 바라보면 그 사람도 나를 좋게 바라본다. 나의 좋은 점을 바라봐주는 사람에게는 누구나 좋은 사람이고 싶다. 다른 사람들도 나와 똑같다. 나를 대하듯 남을 대하자.

  우리는 하루에도 몇 번씩 수많은 사람들을 만난다. 스쳐 지나가기만 해도 행복의 기운을 전할 수 있다면 얼마나 좋을까? 나로 하여금 다른 사람이 잠시 미소를 지을 수 있다면 그것만큼 큰 선물이 있을까. 당신도 그런 사람이 될 수 있다. 아니 이미 그런 사람이다. 그러니 오늘 내가 만나는 모든 사람들에게 행복의 기운을 전해 보자. 그 기운을 받느냐 마느냐는 그들의 선택이다. 우리는 그저 전하기만 하면 된다.

매 일
비 움
—

그림 같은 집을 짓고
집

햇빛이 잘 들어오는 깨끗한 집에 살고 싶다. 바닷가에도 살아보고 싶고 산 주변에도 살아보고 싶고 예쁜 공원 옆에서도 살아보고 싶다. 한 번 사는 인생, 다양한 풍경을 바라보며 눈 뜨고 싶다. 요즘에는 살아보는 여행이 유행이라고 하지 않는가. 캐리어 하나만 달랑 들고 이 집, 저 집 머물면서 살아가는 건 어떨까?

2020년 8월 피아니스트 조성진은 〈방랑자〉라는 앨범을 발매하면서 이런 말을 했다. '내가 있는 곳이 곧 나의 집이구나.' 전 세계를 돌아다니면서 연주를 하다 보니 내린 결론이라고 한다. 한국이든 해외이든 나도 이제는 어디든 머물 수 있을 것 같다. 마음만 먹으면 안 되는 일이 없다. 살아보고 싶은 곳이 있다면 그 곳에 가서 살아보자. 그리고 또 다른 생각이 들면 그때 또 옮기면 된다. 생각보다 쉽다.

인터넷에 보이는 예쁜 집 사진들을 살피다 보면 유독 미니멀한 집들이 눈에 들어온다. 거실에는 큰 나무탁자와 식물, 편안한 소파와 의자가 전부다. 크고 높은 창을 통해 들어오는 햇빛이 집안을 가득 채운다. 창문은 큰 액자와 같다. 해가 뜨고 질 때마다 액자 속에 담기는 작품이 수시로 변한다. 낮에는 하늘색, 밤에는 검은색. 봄에는 분홍 꽃이 보이고 여름에는 푸른 잎들이 보인다. 자연을 작품 삼아 매일 창밖을 바라본다.

매일
비움
—

    지금 우리의 집은 어떠한가? 당장 이사를 할 수 없다면 집 안을 바꾸어 보자. 아무리 상황이 열악해도 새어나갈 구멍은 있다. 바뀌지 않는 부분에 불평하기보다 바꿀 수 있는 부분에 초점을 맞추자. 햇빛을 막고 있는 물건이 있다면 다른 곳으로 위치를 옮기고 불필요한 물건들이 있다면 집 밖으로 떠나보내자. 물건에게도 임자가 있다. 임자를 잘못 만나면 그 물건은 방치된다. 그동안 아껴주지 못했던 미안한 마음을 담아 지금이라도 좋은 주인을 만나게 해주자. 늦었다고 생각할 때가 가장 빠른 법이다. 아까워하지 말자. 그 물건은 지금까지 제 역할을 충분히 했다. 그 물건과의 인연은 여기까지다. '가야 할 때가 언제인가를 분명히 알고 가는 이의 뒷모습은 얼마나 아름다운가'라고 이형기 시인도 말하지 않았는가.

    우리와 잘 어울리는 물건만 남기면 집에 오는 순간이 행복하다. 언제나 나를 환하게 반겨주는 집을 만난다. 웃는 얼굴로 출근을 하고 웃는 얼굴로 퇴근을 한다. 소풍을 가듯 홀가분한 마음으로 직장과 집을 오간다. 제주도를 배경으로 한 영화 〈건축학개론〉에 나오는 집이 떠오른다. 큰 창, 예쁜 풍경, 따스한 햇살이 있는데 무엇이 더 필요하랴.

내가 만드는 나의 이미지
옷장

행거 하나가 쓰러졌다. 어떻게 고정을 해보아도 힘을 잃고 바닥으로 내려앉는다. 갑자기 이게 무슨 일일까. 옷을 줄이라는 신호일까? 우리 집에는 약 80cm 행거 세 개와 3단 서랍장 하나가 있다. 사계절 옷을 한 곳에 모았다. 1년 동안 손을 대지 않은 옷은 과감히 비웠다. 줄이고 또 줄여서 옷걸이 사이 간격을 여유롭게 했다. 또한 가능하면 하나를 구입할 때 하나 이상은 버리려고 했다.

매일
비움
—

　옷은 나를 표현하는 도구이다. 옷을 선별하기 전에 먼저 우리가 어떤 사람이 되고 싶은지를 생각하자. 옷을 보면 사람이 보인다. 니트와 카디건은 부드럽고 따뜻한 느낌을 주고 가죽 잠바와 청재킷은 캐주얼한 느낌을 준다. 내가 되고 싶은 사람은 깨끗하고 단정한 사람이다. 셔츠 하나를 입어도 바지 하나를 입어도 항상 그 이미지를 떠올린다. 옷장 문에 글귀도 적어두었다. '고급, 우아, 깔끔, 단정. 매일 최고 아름다운 모습으로 집을 나서자. 아름다운 나.' 이렇게 생각을 정리하니 내 옷장의 분위기도 자연스럽게 정해진다. 흰색, 아이보리색, 베이지색이 좋다. 니트도 좋고 면바지도 좋다. 나만의 기준을 먼저 세우고 옷장 정리를 시작해 보자.

　옷의 가짓수는 몇 가지가 되어야 할까? 갑자기 '옷을 20가지로 줄이세요.'라고 하면 정말 막막하다. 저 많은 옷들을 언제 다 줄이지? 비싸게 주고 산 옷은 아깝기까지 하다. 문제는 가짓수가 아니다. 우리에게 필요한 옷만 남기는 것이 중요하다. 이 옷은 내 이미지와 맞는 옷인가. 이 옷은 나를 잘 표현해줄 수 있는 옷인가. 선택하는 연습을 하자. 아까움과 아쉬움은 그동안의 무분별한 소비에 대한 대가이다. 대가는 달게 받자. 이제부터 잘 소비하면 된다.

계절에 따른 옷차림, 날씨에 따른 옷차림, 상황에 따른 옷차림. 옷차림은 다양해도 결국 옷을 입는 사람은 '나' 하나이다. 언제 어디서든 '나'라는 사람을 '옷'으로 표현해 보자. 유행 따라 계절 따라 바뀌는 사람이 아닌 한결같은 사람이 되고 싶다. 내면이 빛나는 사람은 어떤 옷을 입어도 빛난다.

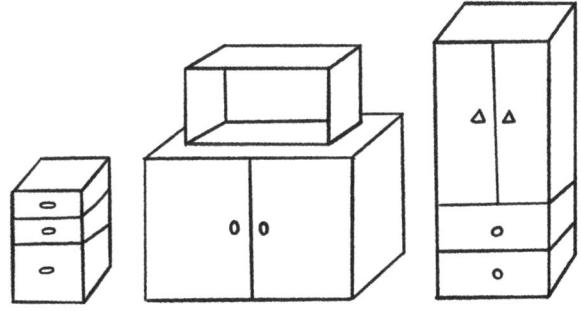

매일
비움
—

    미켈란젤로의 그림 〈최후의 심판〉을 떠올려 보자. 인생의 마지막, 최후의 심판을 받는 순간에는 모두가 옷을 벗고 심판을 받는다. 지위가 높건 낮건 돈이 많건 적건 그 순간에는 모두가 평등하다. 옷은 도구일 뿐이다. 다른 사람과 비교를 할 필요도 없다. 그저 나만의 스타일을 만들어 가면 된다. 정말 멋있는 사람은 자신과 잘 어울리는 옷을 입는 사람이다.

모든 것을 절제하고 싶다면
음식

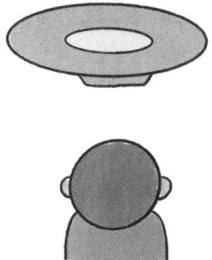

천천히 소식하기. 말은 참 쉽다. 물건 비움을 실천하면서 많이 여유로워졌지만 나는 아직도 식사를 빠르게 하는 편이다. 속이 비워지면 배고픔이 찾아오고, 그 빈속을 채우기 위해 또 다시 음식을 급하게 섭취한다. 아무도 쫓아오지 않고 누구도 빨리 먹으라고 하지 않는데 왜 이렇게 매번 속도가 빨라질까? 머리는 속도를 늦추어야 한다고 말하지만 손과 입은 머리의 말을 듣지 않는다.

매일
비움

미즈노 남보쿠의 『절제의 성공학』에는 이런 말이 나온다.

> "식사를 절제할 수 있는 사람은 모든 것을 절제할 수 있습니다."
>
> "훌륭한 마음을 가진 사람은 식사가 난잡하지 않고
>
> 규칙적으로 소식합니다."

식사 습관은 마음에서 우러나온다. 영화배우 이영애를 떠올려 보라. 음식을 어떻게 대할 것 같은가? 마음이 편안하고 여유로운 사람들은 식사도 편안하게 한다. 서두르는 법이 없다. 한 입, 한 입에 감사하며 천천히 먹는다. 건강한 사람들은 건강한 식사 습관을 가지고 있다. 몸이 원하는 음식을 몸이 좋아하는 방식대로 섭취해 보자.

시간은 어느 정도가 적당할까? 일단 적어도 10번 이상은 씹으려고 한다. 그러다가 10분, 20분 시간을 점점 늘린다. 여유롭게 맛을 음미하며 먹는다. 음식은 가능하면 주변 사람들과 나누어 먹는다. 맛있는 음식일수록 다른 사람들과 함께 나누어 먹자. 베풀수록 나는 건강해진다. 먹음직스러운 음식 앞에서 순간적으로 절제력이 무너지려 한다면 잠시 자리를 비우자. 일어나서 화장실을 다녀오거나 잠시 호흡을 가다듬는다. 물도 한 컵 마셔 보고 사람들의 얼굴을 보며 이야기도 나누어 본다. 관심만 살짝 돌리면 마음의 여유가 생긴다. 소풍을 왔는데 김밥을 허겁지겁 먹다가 아름다운 주변 풍경을 놓치면 너무나 아쉽지 않을까?

『당신의 삶에 명상이 필요할 때』라는 책에는 '먹기 명상'이 소개되어 있다. 1시간 동안 그 누구와도 말하지 않으며 마음을 비우고 천천히 음식과 대화를 나눈다. 눈앞에 달콤한 아이스크림이 녹고 있어도 줄곧 내 마음을 알아차리는 것에 집중한다. 음식의 재료는 어디에서 왔을지, 누구의 손길이 닿았을지 곰곰이 생각해 본다. 밥을 먹기 전 잠시 생각하는 것만으로도 훨씬 여유로운 식사 시간을 만들 수 있다.

매일 비움
―

먹기 위해 사는 것일까, 아니면 살기 위해 먹는 것일까? 음식은 우리에게 없어서는 안 될 소중한 존재이다. 내가 섭취하는 음식들이 차곡차곡 쌓여 내 몸을 만든다. 천천히 소식하는 사람은 아플 수가 없다. 소화도 잘 되고 속이 더부룩하지 않으며 몸도 가볍다. 가벼운 몸은 걷기에도 좋다. 적게 먹고 많이 걸으며 건강하게 살아가자. 우리는, 갈 길이 멀다.

점심시간에 밥을 먹는 아이들을 바라본다. 언제 먹기 시작했는지도 모르게 후다닥 먹고 일어서는 아이가 있는 반면 느릿느릿 세월아 네월아 밥을 먹는 아이도 있다. 밥을 먹는 모습에서 아이들의 마음을 본다. 식사는 마음과 연결되어 있다. 나의 성격과 마음가짐을 바꾸고 싶다면 식사 습관부터 바꾸어 보는 것이 어떨까?

시간을 따로 두진 않아
운동

　　미니멀한 운동은 시나브로 운동이다. 매일 조금씩 나도 모르게 실천해야 한다. 아무리 유능한 사람이라도 건강하지 않으면 아무런 소용이 없다. 누가 뭐라해도 건강이 최고니까. 가까운 사람들이 건강하다면 그건 정말 큰 복이다. 건강은 조금씩 티를 내다가 한순간에 무너진다. 무너지는 일이 없도록 하기 위해 우리는 꾸준히 건강한 습관을 길러야 한다.

매일 비움
—

나는 운동이 좋다. 공부를 하기 전에는 오히려 항상 운동을 했다. 임용고시를 준비하던 시절, 운동하는 시간은 반드시 확보했다. 운동 덕분에 합격을 했다고 해도 과언이 아니다. 요가를 하고, 헬스를 하며 공부 능률을 높였다. 중요한 시험을 앞둔 사람일수록 운동을 권한다. 무엇이든 좋으니 집에서든 밖에서든 몸을 움직여 보자.

5분, 단 1분도 좋다. 부담이 없어야 한다. 재미있고 쉬워야 한다. 예쁜 운동복을 입거나 좋아하는 노래를 재생해 보자. 기분 좋은 일들을 함께하면 운동이 저절로 즐겁다. 좋은 사람들과 같이 운동하는 것도 방법이다. 나는 주로 아침에는 간단히 스트레칭을 하고, 저녁에는 샤워하기 전에 플랭크, 팔굽혀펴기와 같은 근력 운동을 조금 한다. 다이어트와 건강유지는 우리의 평생 목표이다. 운동은 일생 동안 나에게 스며들어야 한다. 매일 한두 시간씩 땀을 뻘뻘 흘리는 건 쉽지 않다. 여러 가지 시도를 해보면서 자신에게 맞는 운동법을 찾아가길 바란다. 다른 건 몰라도 운동은 매일 꼭 해야 한다.

가장 간편하고 좋은 운동은 '걷기'이다. 배우 하정우는 매일 3만 보씩 걷는다고 한다. 버스는 한 정거장 덜 가서 내리고 가까운 길은 일부러 돌아서 간다. 출근할 때 한 바퀴, 점심 먹고 한 바퀴, 생각을 비우며 걷는다. 나누어서 걸으면 매일 만 보 정도는 채울 수 있다. 못 채우는 날도 많지만 의식을 하는 것과 하지 않는 것에는 큰 차이가 있다. 요즘에는 핸드폰 속에 만보기 기능이 잘 되어 있으니 활용해 보길 바란다. 서로의 만 보를 응원하는 소소한 온라인 걷기 모임을 만들어도 좋다.

　『자존감 수업』의 윤홍균 작가는 오른쪽, 왼쪽 뇌를 번갈아 자극하는 '양측성 자극'이 건강한 자존감을 만드는 데 도움이 된다고 말한다. 대표적인 양측성 자극이 '걷기'이다. 이 외에도 수영의 자유형과 배영, 복싱 등이 있다. 이렇듯 운동은 몸 건강뿐만 아니라 마음 건강과도 연결되어 있다. 운동이라고 생각하지 말고 그냥 조금 더 움직인다고 생각해 보자. 운동할 거리들은 사방에 널려 있으니까.

매 일 비 움 —

    머릿속이 복잡할 때 나는 운동을 한다. 몸을 움직이면 생각이 달아난다. 운동을 하다 보면 어느새 아무 생각 없이 운동에 집중하고 있는 나를 발견한다. 열심히 땀을 흘리고 개운하게 샤워를 하면 새로 태어난 기분이 든다. 운동 장소가 마땅치 않고 운동복이 없는가? 유튜브를 열어서 운동 영상을 검색해 보자. 우리의 상황에 딱 맞는 영상들이 나타날 것이다. 매일 다른 영상을 따라해 보는 것도 재미있다. 나와 맞는 선생님을 만나면 그 선생님을 믿고 나를 맡겨 보자. 정보들은 항상 널려 있다. 우리가 주워 담지 않을 뿐이다. 멋진 몸, 건강한 몸도 마찬가지다. 누구나 할 수 있다. 하지만 실천하지 않을 뿐이다.

나그네가 되어 훌훌
여행

내가 만나는 사람들이 곧 나를 만든다. 정현종 시인은 사람이 온다는 건 그 사람의 일생이 오는 거라고 말했다. 그 사람의 과거와 현재 그리고 미래가 함께 오기 때문에. 같은 직종, 비슷한 사람들과 어울리는 것도 좋지만 가끔은 새로운 사람들과 인연을 맺자. 낯선 사람은 새 기운을 가져다준다. 첫 발령을 받고 나는 같은 학교 선생님들과 친해졌고, 교사 배구 동호회 활동을 통해 다른 학교 선생님들

매일
비움
—

을 알게 되었다. 이렇게 4년 동안 나의 인맥은 교사, 교사, 또 교사였다. 하지만 2019년 싱가포르에 와서 느꼈다. 세상에는 정말 다양한 사람들이 살고 있고, 그만큼 다양한 삶이 존재한다는 사실을.

한번은 싱가포르에 여행 온 물리치료사를 만난 적이 있다. 걷는 모습만 보아도 그 사람의 몸에 어떤 문제가 있는지 보인다고 했다. '한쪽 어깨가 올라가 있고, 상체가 앞으로 기울어져 있네요. 골반이 비틀어져 있고 한쪽 발목이 약하군요.' 척 보면 척이라고 했다. 그 사람을 만난 뒤에 나의 자세를 되돌아보게 되었다. 아이들의 자세도 다시 보이기 시작했다. 아이들의 자리 배치, 몸의 방향을 신경 쓰게 되었다. 이렇게 한 사람은 내 생각과 행동을 조금씩 바꾸어 놓는다.

또한 그 사람은 국제 물리치료사 자격증을 가지고 있었다. 세계가 점점 가까워지고 있는 요즘, 이제는 자격증도 국제 자격증의 시대이다. 세계 어느 곳에서든 일하고 싶다면 국제 자격증은 이제 필수다. 이왕 취득하는 자격증, 언어 공부도 할 겸 이제는 글로벌하게 취득해 보자. 크게 꿈꾸고 크게 바라볼수록 우리의 삶은 한층 더 여유로워진다.

이제 세상은 우리의 무대다. 어디든 마음만 먹으면 여행할 수 있다. 여행을 다니다 보면 색다른 경험들이 다가온다. 그럴 땐 두 팔을 활짝 벌려 마음껏 환영하자. 이 세상에는 재미있는 일들이 너무나도 많다. 시각을 바꾸면 모든 것을 바꿀 수 있다. 초록색 안경만 쓰면 세상 모든 것이 초록색으로 보이듯 말이다. 안경 하나, 렌즈 하나를 바꾸는 것은 결코 작은 일이 아니다. 이번 주말에는 세상 렌즈를 바꾸러 훌쩍 어디로든 떠나보길 바란다.

여행은 설렌다. 매일이 여행 같다면 얼마나 좋을까. 여행은 우리를 일상에서 잠시 벗어나게 해주고, 우리에게 다시 일상으로 돌아올 수 있는 힘을 준다. 멀리 떠나지 않아도 좋다. 살짝만 바꾸면 모든 것이

매일
비움
―

여행이 된다. 나그네 여旅, 다닐 행行. 나그네가 되어 떠나자. 평소에 차로 출퇴근을 한다면 오늘은 대중교통을 한번 이용해 보고, 항상 다니는 길이 있다면 오늘은 다른 길로 한번 가보자. 조금만 변화를 주면 모든 것이 낯설어진다. 완전히 똑같은 하루는 없다. 그렇기 때문에 우리는 매일 여행을 다닐 수 있다.

발견의 기쁨이 가득한 여행. 어디를 가는지, 누구와 함께 하는지에 따라 또 달라지는 여행. 어쩌면 우리의 인생도 하나의 여행이다. 가벼운 배낭 하나 매고 홀가분하게 떠나자. 입을 옷, 잘 곳, 먹을 음식이 있는데 무엇이 더 필요하랴. 여행의 짐은 줄이면 줄일수록 좋다. 짐이 가벼울수록 이동이 즐겁고, 이동이 즐거울수록 여행이 즐겁다. 나는 매일 여행하며 살아가려 한다.

자라나는 숲속의 나무들
독서

내 안에 나무를 심는다. 큰 나무 작은 나무, 서로 다른 나무들이 모여서 '나'라는 숲을 만든다. 나무는 경험을 통해 심을 수 있는데, 경험에는 직접 경험과 간접 경험 두 가지가 있다. 독서는 간접 경험의 가장 대표적인 방법이다. 우리는 책을 통해 무엇이든 경험할 수 있다. 내가 겪어보지 않은 삶을 체험해 보기도 하고 다른 사람들의 생각을 엿보기도 한다.

매 일
비 움
—

  아이들의 숲, 나의 숲, 다른 사람들의 숲. 숲을 이루고 있는 나무들의 모양과 생김새는 저마다 다르다. 나는 음악 나무와 운동 나무가 제법 크고 튼튼하다. 역사 나무와 과학 나무는 비교적 작다. 하지만 실망하지 않아도 된다. 우리는 언제든 책을 통해 부족한 부분을 채워 나갈 수 있기 때문이다.

  한 아이는 역사 나무가 풍성하다. 어찌나 옛 사람들의 이야기를 잘 기억하고 있는지 나보다 더 훌륭하다. 어린 시절부터 배드민턴을 줄곧 해온 아이는 배드민턴에 대한 지식이 해박하다. 그 분야에서는 그 아이가 나의 나무 선배다. 이처럼 세상에는 수많은 나무 선배들이 있다. 공자의 말처럼 세 사람이 함께 길을 가면, 그들 중에 반드시 자신의 스승이 될 만한 사람이 있다고 했다. 나이는 중요하지 않다. 누구에게든 배우는 자세로 살아가자.

  책은 누군가의 숲이자 나무이다. 책을 가까이 한다는 건 항상 내 곁에 스승을 두고 걷는 것과 같다. 이동을 하거나 누군가를 기다릴 때 나는 어김없이 책을 펼친다. 그 순간 우리는 책 속으로 들어가 책과 하나가 된다. 책은 우리를 거부하지 않는다. 언제든 흔쾌히 우리의 친구가 되어 준다. 무슨 일이 있어도 항상 내 편이 되어주는 진짜 친구. 이 친구를 평생 친구로 삼자.

 나는 그때그때 마음이 끌리는 책을 선택하는 편이다. 내용이 비슷하게 연결되는 책을 골라서 더 깊이 한 분야를 파고들기도 하고 색다른 재미를 주는 책을 선택하기도 한다. 읽고 또 읽어도 잘 읽히지 않으면 잠시 보류하고 다른 책을 펼친다. 그러다 나와 맞는 책을 만나면 또 술술술 그 책 속에 푹 빠진다. 나는 가능하면 책을 비판하지 않는다. 책에는 만들어질 당시의 한 사람이 오롯이 담겨 있다. 모든 사람들의 생각이 우리와 같을 수는 없다. 그저 '이 사람은 이렇게 생각하는구나.' 하고 받아들이면 된다. 내 생각과 작가의 생각을 비교해 볼 수 있다는 것도 책의 큰 장점이다.

 어떤 숲을 가꾸고 싶은가? 화려하다고 아름다운 건 아니다. 항상 싱그러운 향기가 가득한 숲이었으면 좋겠다. 배움의 활기가 넘치고 서로를 도우며 무럭무럭 자라나는 나무들. 온전히 혼자 자라는 나무는 없다. 뿌리끼리 잎끼리 서로 부딪치면서 나무들은 함께 자란다. 나는 책을 통해 오늘도 나무를 키운다.

매일
비움
—

별을 그리는 중이야
배움

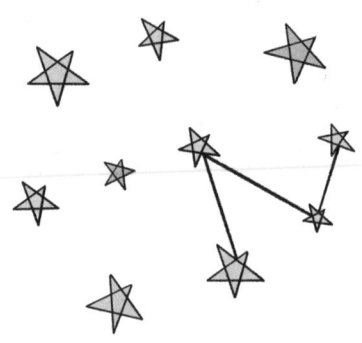

'배움'이라는 이름의 별 하나를 새긴다. 반짝반짝 빛나는 별들을 하나씩 그린다. 그 별들은 언제 연결될지 아무도 모른다. 초등학교 시절, 나는 시골에서 우연히 가야금을 배웠다. 그 수업에서 민요, 장구, 단소도 친구들과 함께 재미있게 익혔다. 방학 때는 동생들과 함께 동네 서예 학원을 다녔다. 수영도 발레도 조금씩 발을 담근 적이 있다. 발레리나가 되고 싶어서 배운 것은 아니었다. 피아노도 마찬가지였다. 피아니스트의 꿈을 꾸기도 했지만, 그저 피아노가 좋아서 학원을 다녔다.

그러나 사람들은 말한다. '그거 배워서 뭐하게?' '중국어를 왜 배워? 영어만 하면 되지.' 이런 말을 들으면 새로운 것을 배우다가도 힘이 빠진다. 생각해 보면 정말 그렇다. 이제 와서 중국어를 배우면 어디에다 쓰지? 하지만 반드시 쓰려고 배우는 건 아니다. 쓰이지 않아도 좋다. 배움은 그 자체로 의미가 있기 때문이다. 그 배움이 언제 빛을 발할지는 아무도 모른다. 어린 시절 우연히 배운 가야금과 민요가 지금 이렇게 수업에 도움이 될 줄 누가 알았겠는가.

우리는 매일 배우며 살아간다. 마음가짐만 바꾸면 배울 것은 사방에 널려 있다. 아이들에게서도 배우고 자연에게서도 배운다. 하나를 배우면 하나의 세상이 열린다. 나는 유화를 배우기 전과 후, 미술 작품을 바라보는 시선이 확연히 달라졌다. 배운 만큼 보인다고 했던가. 붓 터치가 보이고 화가의 정성이 보이기 시작했다. 이렇듯 생각만 하지 말고, 궁금하고 배우고 싶다면 지금 당장 시작해 보자. 무엇을 시작하기에 늦은 때란 없다. 시작이 전부란 말도 있지 않은가.

매 일
비 움
—

  아이들에게도 말한다. 무엇이든 하고 싶은 것을 해보라고. 초등학생에게는 특히 더 다양한 경험이 필요하다. 끈기 있게 하나를 꾸준히 오래 하는 것도 좋지만 이것저것 조금씩 경험하는 것도 좋다. 기타와 태권도를 배우다가 그만둔 아이가 미술 학원을 다니고 싶어 한다면 망설이지 말고 흔쾌히 보내 주자. '금방 또 그만둘 거면서 이번에는 미술이니?'라고 말하지 말자. 아이의 적성이 미술과 딱 들어맞을지 누가 알겠는가. 어린 시절 꺾인 배움에 대한 의지가 뒤늦게 다시 나타나게 된다면 정말 안타까울 것이다. 우리는 각자 특별한 능력을 가지고 태어난다. 아이가 자신의 능력을 스스로 발견할 수 있도록 도와주자. 그리고 아이의 생각을 존중해주자. 이것이 진로교육이고 인생교육이다.

  사람과 배움은 한 몸이다. '배움'이란 수많은 별들이 모여 밤하늘을 가득 채운다. 큰 별도 멋지지만 작은 별 하나하나 예쁘지 않은 것이 없다. 별들이 모여 별자리를 만들고 은하수를 만든다. 우주처럼 무한한 우리들의 능력을 마음껏 펼치면서 살아가자. 『내가 공부하는 이유』의 사이토 다카시는 공부를 하고 아는 것이 많아질수록 이 세상에 재미있는 일들이 더 늘어난다고 했다. 정말 그렇지 않은가? 이 세상에는 정말이지 배울 것이 너무나도 많다. 그래서 나는 매일이 즐겁다.

매일
비움

비움이 필요한 이유
꿈

　　나는 꿈을 꾼다. 비움은 꿈에 날개를 달아준다. 비우면 비울수록 내 속에 감추어져 있던 내 꿈이 보인다. 비움은 꿈틀꿈틀 그동안 펼치지 못했던 나의 꿈을 실현시켜준다. 물건 정리나 청소와 관련된 시간들이 많이 줄어들기 때문에 자연스럽게 나 자신에게 집중하는 시간이 늘어난다. 그러다 보면 아이러니하게도 오히려 하고 싶은 것들이 더 많아진다.

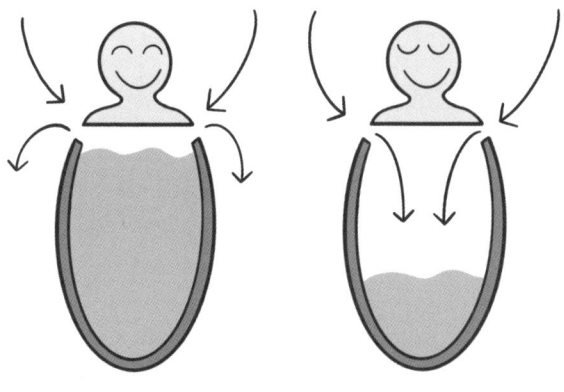

　비웠더니 하고 싶은 것이 많아지다니. 참 신기하다. 내 앞을 가로막고 있는 구름들을 걷어 내었더니 진짜 내가 보이는 것이다. 누군가에게는 어린 시절 꿈 많고 열정 많은 내가 보이기도 하고 누군가에게는 편안하게 휴식하는 내가 보이기도 할 것이다. 섣부르게 판단하기에는 이르다. 일단 천천히 비워 나가 보자. 비움은 진짜 나를 발견해 나가는 과정이니까.

　여행이든 산행이든 짐이 무거우면 이동하기에 힘이 든다. 꿈에 가까워지는 과정도 똑같다. 흔히 꿈을 향해 우리가 걸어간다고 생각하지만, 사실은 꿈이 우리에게 다가오는 것이다. 꿈이 다가오고 있는데

매일 비움
―

우리가 수많은 것들에 둘러싸여 있다면 꿈이 들어설 공간이 없다. 비움을 통해 그 공간을 내어주자. 다 가지려고 하는 건 욕심이다. 비어 있는 상태를 충분히 즐기다 보면 꿈은 어느새 우리 눈앞에 성큼 다가와 있을 것이다.

비움은 이별 연습이다. 이별은 언제나 어렵다. 사람들을 떠나보내는 것이 어려운 것처럼 물건들을 떠나보내는 것도 쉽지 않다. 하지만 비우기 시작하면 새로운 것이 다가올 것은 분명하다. 놀라지 말자. 『오래된 비밀』이라는 책에서도 말했듯이 모든 변화는 우리에게 유익하다. 그저 변화를 즐기고 마음껏 받아들이기만 하면 된다. 그것이 곧 변화를 가장한 우리의 꿈일 수도 있으니까.

나비가 되어 세상을 자유롭게 날아다니려면 수많은 비움의 과정이 필요하다. 번데기 과정도 거쳐야 하고 허물도 벗어야 한다. 이제는 날아가야 할 때이다. 더 이상 머물러 있지 말자. 쉬어갈 수도 있다. 다만 주어진 상황에서 포기하거나 좌절하진 말자. 불평불만을 늘어놓아도 달라지는 건 없다. 그저 벗어던지고 후련하게 우리의 길을 가자. 생각보다 사람들은 우리에게 관심이 없다.

당신의 꿈은 무엇인가? 꿈은 명사가 아니라, 동사다. 우리는 그저 공중에 떠다니는 꿈들을 붙잡기만 하면 된다고 했다. 내 눈앞에 꿈들이 널려 있는데 왜 가만히 있는가. 꿈꾸는 세상 속으로 풍덩 빠져보자. 작은 꿈도 큰 꿈도 다 의미가 있는 법. 소소한 꿈을 말하고 그 꿈들이 나에게 다가오는 경험을 해보길 바란다. 미래를 모르기에 더욱 흥미진진한 우리의 인생. 한번 사는 이 세상, 재미나게 살아보자.

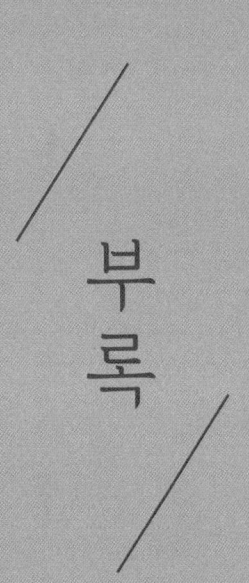

부록

매일 비움
―

[01] 하루 비움 학급일지

년 월 일 요일

어제는 잊어라! 새로운 하루 시작!		알림장! 쉬운 말로 핵심만 간단히!
출결 사항		1.
		2.
		3.
		4.
		5.
수업과 업무를 시간 순으로 배열하기 그 시간에는 그것만 생각하자! 생각 비움!		꾸준함을 만드는 체크리스트 체크만 잘해도 학급경영은 성공이다!
시간	수업 또는 업무(중요도 표시)	번호 / 이름
일과 전		1, 2, 3
아침활동		4, 5, 6
1교시		7, 8, 9
2교시		10, 11, 12
3교시		13, 14, 15
4교시		16, 17, 18
5교시		19, 20, 21
6교시		22, 23, 24
일과 후		25, 26, 27
오늘 하루 있었던 일 되돌아보기 적으면서 비우고 홀가분하게 퇴근하기		내일 할 일은 내일로 미루자! 마감날짜랑 같이 적어두고 걱정 비우기
아이 관찰		(포스트잇 붙이는 곳)
행운 감사		

[02] 비움 시간 만들기

o 시계를 피자라고 생각하며 시간을 잘 나눕니다.
o 사이사이 비움 시간을 만듭니다.

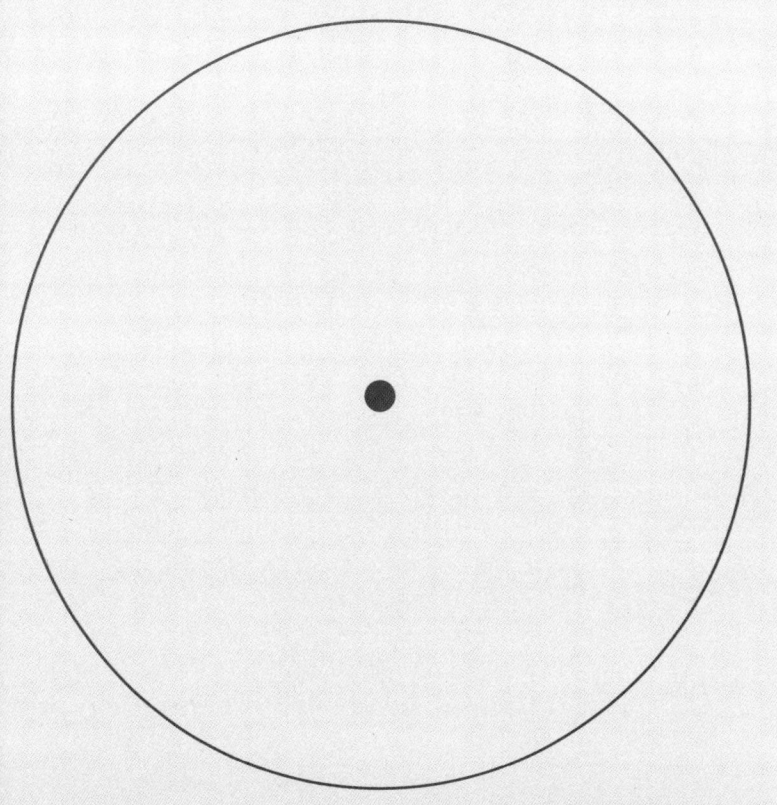

매일 비움

[03] 비움 습관 스티커판

○ 아이들이 스스로 스티커를 붙일 수 있도록 합니다.

	이름	월	화	수	목	금	월	화	수	목	금	성공(O/X)
1												
2												
3												
4												
5												
6												
7												
8												
9												
10												
11												
12												
13												
14												
15												
16												
17												
18												
19												
20												

[04] 달력 양식

O 다양하게 활용할 수 있는 달력 양식입니다. 미션 체크, 기록 등에 사용하세요.
O 감사일기, 자기 칭찬을 한 줄씩 적어도 됩니다. 재미있게 채워 보세요.

[제목:]

이름 (   )

일요일	월요일	화요일	수요일	목요일	금요일	토요일
/	/	/	/	/	/	/
/	/	/	/	/	/	/
/	/	/	/	/	/	/
/	/	/	/	/	/	/
/	/	/	/	/	/	/

스토리 인 시리즈

자신만의 가치, 행복, 여행, 일과 삶 등 소소한 일상에서 열정적인 당신에 하루하루의 글쓰기, 마음에 저장해둔 여러분의 이야기와 함께합니다.
첫 원고부터 마지막까지, 생활출판 프로젝트 스토리인 시리즈

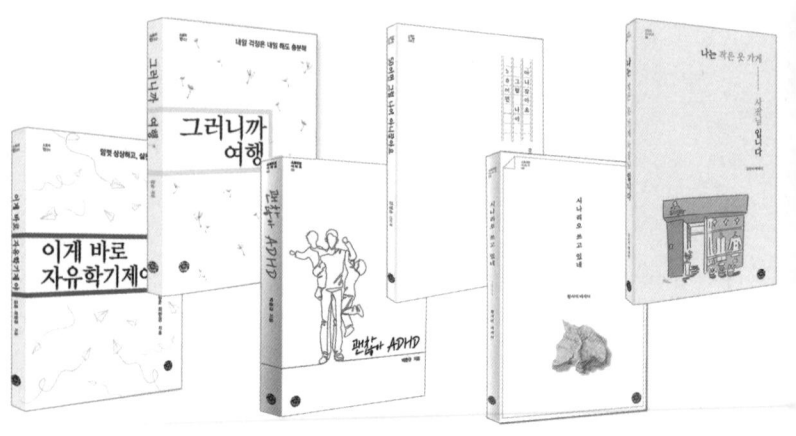

01
아이를 위한 자유학기제 알짜배기 사용법
이게 바로 자유학기제야
김준, 최현경 13,000원

02
사랑은 평생 몸으로 쓰는 가장 긴 동사
그러니까 여행
정순 13,000원

03
살피고 질문하고 함께하는 300일 여행
괜찮아 ADHD
박준규 14,000원

04
50년을 함께 살았는데, 나는 아직도 나를 모른다
50이면 그럴 나이 아니잖아요
김정은 11,000원

05
시나리오 쓰고 있네
황서미 12,800원

06
나는 작은 옷 가게 사장님입니다
강은미 13,800원